D1985746

CAROLA KLEINSCHMIDT

RAUS AUS DEM *Stress*

LEICHTER LEBEN

CAROLA KLEINSCHMIDT

RAUS AUS DEM *Stress*

Wie Sie Druck abbauen und gelassen bleiben

SCORPIO

INHALT

EINLEITUNG: DIE GESCHICHTE VOM WILDEN KIND

Es war einmal ein sehr wagemutiges, wildes Kind. Es kletterte auf Bäume, bis in die dünnen Äste, und rannte über die Wiesen, bis es sein Haus nicht mehr sehen konnte. Allein der See vor dem Haus machte den Eltern Sorgen. Denn das Kind war schon mehrfach reingeplumpst, weil es unbedingt wissen wollte, was die Frösche fressen, obwohl es nicht schwimmen konnte …
Die Eltern ließen einen Zaun um den Teich ziehen. Das war teuer. Aber ihr Kind war ihnen wichtiger. Leider krabbelte das Kind über die Absperrung und kam schon wenige Tage später wieder triefnass nach Hause. Der Nachbarsjunge hatte es gerade noch aus dem See gefischt. Da kauften sie dem Kind eine Schwimmweste, die es im Sommer immer anhaben musste. Das Kind maulte, denn die Weste war unbequem und hinderlich beim Spielen. An einem heißen Sommertag kam ein Onkel vorbei. Er sah das Kind in der Weste und fragte nach dem Grund. Da erzählten die Eltern von ihrem wilden Kind, das ständig zu ertrinken drohte. Der Onkel überlegte kurz und sagte: »Ich habe etwas Zeit. Ich werde ihm einfach schwimmen beibringen.« Sagte und tat's. Am Ende des Nachmittags konnte das Kind schwimmen. Der See verlor seinen Schrecken. Und interessanterweise verlor auch der See ein wenig die Anziehung für das Kind. Plötzlich waren all die ganz normalen Spiele wieder genauso interessant wie der Ausflug zum See.

Hat Ihnen die Geschichte gefallen? Mit dem Stress ist es ein wenig wie mit dem Schwimmen. Wenn wir uns völlig ohne Schwimmkenntnisse in Gewässer begeben, wird es gefährlich. Und wenn wir uns völlig unvorbereitet in jedes Getümmel werfen, wird es schnell stressig.

STRESS FORDERT UNS DAZU AUF, ETWAS DAZUZULERNEN

Schwimmen muss man lernen. Den gesunden Umgang mit Stress ebenso. Den meisten von uns fällt es nicht leicht, in aufreibenden Situationen total gelassen zu bleiben. Viele können auch nur noch schlecht abschalten. Sie empfinden ihr ganzes Leben als stressig.
So als hätte jemand irgendwann einen Motor angeworfen, der jetzt läuft und läuft und keinen Ausknopf hat. Das Gebrumme und Gesumme nervt sie, aber sie fühlen sich unfähig, etwas daran zu ändern. Sie schwimmen nicht souverän durch ihren Alltag. Ihr Leben fühlt sich vielmehr wie ein Sturm im Wasserglas an. Sie strampeln und strampeln, um wenigstens den Kopf über Wasser zu halten. Sie leben ständig in der Angst, im Strudel des Alltags unterzugehen.

Mit Stress geschickt umzugehen, ist wie schwimmen. Beides kann man lernen.

Die Geschichte zeigt aber auch, wie toll es ist, sich ins Abenteuer und Getümmel zu werfen. Es wäre total langweilig, wenn unser Ziel lediglich darin bestünde, alle Aufregungen und Stresssituationen aus unserem Leben zu verbannen. Wir würden nichts Neues entdecken oder dazulernen. Wir würden nie spüren, wie wir über uns selbst hinauswachsen oder wie wir uns die Welt erobern und sie gestalten können, indem wir neue Fähigkeiten entwickeln.
So wie der See und das Risiko des Ertrinkens das Kind dazu aufforderten, schwimmen zu lernen, kann man auch über Stress sagen:

Immer, wenn es stressig wird, sind wir dazu aufgefordert, etwas dazuzulernen. Nämlich, wie wir der Situation beim nächsten Mal angemessener begegnen können.

In diesem Buch geht es deshalb darum, genau diese Fähigkeiten zu üben und auszubauen. Sie werden lernen, wie Sie mit Herausforderungen geschickt umgehen und ihnen ihr Stresspotenzial nehmen. Sie werden ebenso erfahren, wie Sie eine gute Balance in Ihr Leben bringen (oder zurückbringen).

Ich wünsche Ihnen bei der Umsetzung meiner Anregungen vor allem Freude und Inspiration – und Ermutigung auf dem Weg zu einem entspannten Alltag!

Ihre
Carola Kleinschmidt

Erstes Kapitel

Blümchen zählen oder Augen zu und durch? So finden Sie eine gute Balance in Ihrem Alltag

In diesem Kapitel erfahren Sie:

Was Schwimmenlernen und Stresskompetenz gemeinsam haben

Warum es gut ist, dass wir Stress empfinden können

Wie ein gesundes Wechselspiel zwischen Zeiten der Anspannung und Zeiten der Erholung aussehen kann

Wie Sie ausreichend Erholung und Pausen in Ihr Leben bringen – denn von allein kommen sie meist nicht

DANKE STRESS!

Dass wir Menschen auf Herausforderungen oder Gefahren mit einer Stressreaktion reagieren, ist ein Segen.

Stressgefühle sind so etwas wie verlässliche Lichtschalter. Werden sie betätigt, gehen in unserem Körper die Lampen an: Der Geist wacht auf und fokussiert sich auf das Problem. Unsere Muskeln spannen sich an. Wir sind bereit zur Tat.

Auch freudvolle Anstrengung aktiviert unser Stresssystem.

Und das ist gut so.

Wenn wir an Stress denken, kommen uns meist unangenehme Situationen in den Sinn. Doch jeder kennt auch das tolle Gefühl, wenn man völlig darin aufgeht, eine Aufgabe zu erledigen. Und auch hier sorgt unsere Stressreaktion dafür, dass wir uns aktiviert und tatkräftig ans Werk machen. Beide Stressreaktionen haben ihre Berechtigung und ihren Sinn in unserem Leben.

STRESS KANN BEFLÜGELN – UND NERVEN

Ungesund wird Stress vor allem, wenn es vor lauter Tatendrang keine Pausen mehr gibt. Das Problem in der heutigen Zeit ist, dass wir potenziell so viele Aufgaben, selbst gewählte Herausforderungen und Pflichten verspüren, dass wir leicht ins pausenlose Rennen geraten. Viele nehmen nahezu gar keine Auszeiten mehr vom tatkräftigen Lebensstil. Sie fahren ihren Energiepegel fast nie runter, und wirklich abschalten können sie schon lange nicht mehr. Das Hamsterrad lässt grüßen.

In diesem Lebenstempo kriegt man zwar viel erledigt, aber das gute Lebensgefühl rückt dadurch auch immer weiter in die Ferne. Die Genussfähigkeit und der Spaß am Leben gehen verloren. Man fühlt sich erschöpft und krank – und diese Veränderungen spüren die Menschen, die über längere Zeit hinweg stark unter Stress stehen. *Denn wenn innerlich die Fähigkeit zu Entspannen verschwindet, schwindet auch das Gespür für Erfolg und Freude. Und irgendwann wirkt das ganze*

Leben fad und sinnlos. Wir nennen das Burnout.

EIN LEBEN GANZ OHNE STRESS?

Was liegt da näher, als sich zu wünschen, dass der Stress endlich aufhört, auf Nimmerwiedersehen aus dem eigenen Leben verschwindet? Und nicht selten möchten wir, dass die anderen dafür sorgen sollten. Der Arbeitgeber soll weniger fordern und ein besseres Gehalt zahlen. Die Familie müsste einfach nur ein wenig mehr mit anpacken, die Freunde sollten weniger fordernd sein … Dann wäre das Leben ein Paradies.
Aber stimmt das? Stellen Sie sich vor, in Ihrem Leben gäbe es keinen Stress mehr. Keinen Druck. Keine Zeit, die drängt. Keine Aufgabe, bei der Sie fürchten zu scheitern. Kein innerer Drang, eine Sache anzupacken. Eine gute Fee wäre vorbeigekommen und hätte alles Anstrengende, Fordernde, Nervige aus Ihrem Leben verbannt. Kein Druck, nirgendwo.
Wie wäre das? Im ersten Moment fällt Ihnen vielleicht eine große Last von den Schultern. Vielleicht entweicht Ihnen innerlich sogar ein leises Pffffff. Ja! Endlich! Das wäre schön!
Stellen Sie sich vor, Ihr ganzes Leben wäre so flauschig, frei von Spannung oder Tempo … Wie wäre es da? Hätten Sie den unvergesslichen Trekking-Urlaub gemacht, wenn Sie niemals über Ihre Grenzen gegangen wären? Hätten Sie Ihren Partner so gut kennengelernt, wenn es da nicht auch die stressigen Zeiten gegeben hätte? Wären Sie mit Ihren Kollegen das gleiche Team, wenn Sie nicht schon gemeinsam schwierige Projekte gewuppt hätten? Hätten Sie die Erziehung Ihrer Kinder überstanden ohne ein Mindestmaß von Stressfähigkeit? Hätten Sie Ihre Ausbildung beendet, wenn da nicht auch ein wenig Druck gewesen wäre? Vermutlich wäre so ein Leben ganz schön langweilig gewesen.

Ungesund stressig wird unser Leben, wenn wir uns dem Stress hilflos ausgeliefert fühlen. Wenn er uns wegschwemmt, durch den Tag spült, als wären wir ein leeres Gefäß auf stürmischer See. Wenn wir nicht genau wissen, wie wir fordernde Situationen geschickt meistern. Wenn wir uns nicht mehr trauen, abzuschalten. Zu genießen, was gelungen ist, und neue Kräfte zu sammeln.

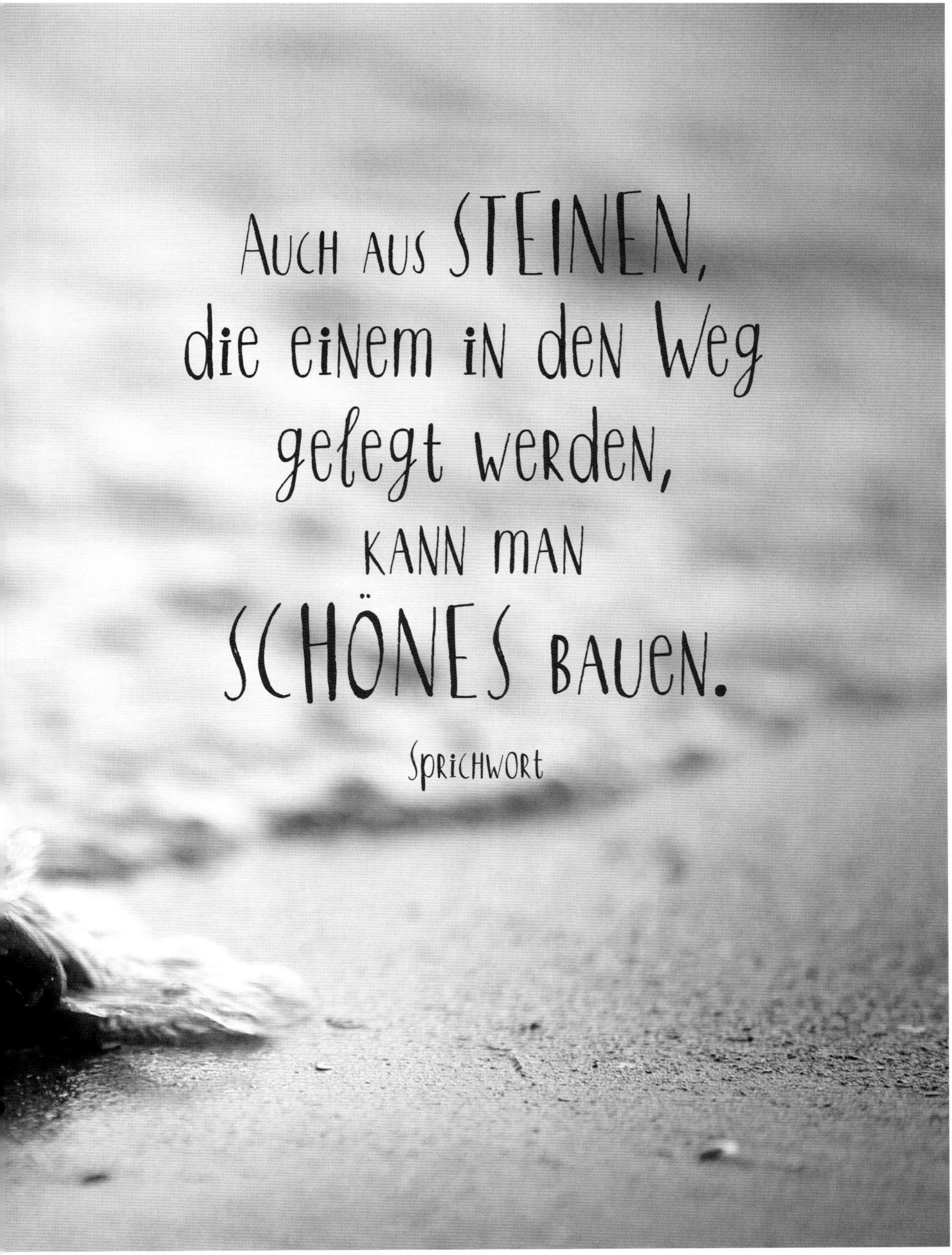

Auch aus STEINEN,
die einem in den Weg
gelegt werden,
kann man
SCHÖNES bauen.

Sprichwort

SO NEHMEN SIE DEM STRESS SEINEN SCHRECKEN

1

Stress zu haben, ist völlig normal – und gesund

»Ich habe Stress« heißt letztlich: Mein Körper und Geist sind aktiviert. Für viele Tätigkeiten ist dieser Macher-Modus genau richtig. Insofern: Super, dass Sie ab und an im Stress sind. Könnten Sie keinen Stress empfinden und wären nur durch sehr wenig aktivierbar, verliefe Ihr Leben öde und langweilig.

2

Stress ist ein Entwicklungsangebot

Wenn wir starken Stress erleben, zeigt uns das: Ich komme an eine Grenze dessen, was ich mir zutraue. Deshalb ist Stress auch ein Lernangebot. Nach der akuten Situation können wir reflektieren: Was brauche ich, um eine ähnliche Sache nächstes Mal leichter zu meistern? Im Stress gelingt diese Reflektion nicht!

3

Dauerstress ist das eigentliche Problem

Wenn wir darüber klagen, dass wir im Stress sind, meinen wir meist das Gefühl, ständig unter Druck zu sein. Wir fühlen uns gehetzt und schlecht gelaunt. Ein klares Warnsignal: Senken Sie den Stresspegel in Ihrem Leben aktiv.

4

Entspannung ist die Basis für Leistung

Oftmals gönnen wir uns Entspannung nur als Belohnung für Leistung. Diese Denkweise ist falsch. Regelmäßige Auszeiten vom Leistungs-Ich schützen uns vor Dauerstress.

5

Jeden stresst etwas anderes

Man kann nicht sagen: Diese Situation ist stressig und jene nicht. Jeder Mensch hat andere Fähigkeiten und damit auch andere Bereiche, in denen er das Gefühl entwickelt: »Ob ich das schaffen kann, weiß ich nicht.« Hören Sie deshalb auf, über den Stress anderer zu urteilen. Fragen Sie eher danach, was Sie persönlich brauchen, um in Balance zu bleiben.

6

Sich mit seinem Stress zu beschäftigen, bedeutet Selbsterkenntnis

Gerade weil uns Stress immer zeigt, dass wir uns am Rand unserer Komfortzone befinden, sagen uns diese Situationen sehr viel über uns selbst. Stressprävention heißt also auch, sich selbst besser kennenzulernen. Freuen Sie sich auf diese Entdeckungsreise!

MACHEN SIE DEN STRESS ZU IHREM FREUND

Diese Übung gibt Ihnen einen Einblick in Ihren derzeitigen Umgang mit Stress. Schauen Sie beim Lesen des Buches immer mal wieder auf Ihre Antwort bei Frage Nr. 6. Und fragen Sie sich: Hilft mir diese Inspiration in Bezug auf meine ganz persönliche Situation weiter?

1. Danke Stress!

» → Notieren Sie drei Situationen, in denen ein wenig Druck und Stress Sie zu einer Leistung oder einer persönlichen Entwicklung angespornt haben, auf die Sie heute stolz sind.

____

____

2. Stress wird erst zum Problem, wenn er unser gesamtes Leben bestimmt!

» → Wie viel Stress in Ihrem Alltag besteht, können Sie herausfinden, indem Sie ein Stresstagebuch führen. Notieren Sie abends kurz: Was hat mich heute gestresst? Vermeiden Sie dabei, sich sofort selbst dafür zu beschimpfen. Nehmen Sie schlicht wahr, wie häufig am Tag Ihr Puls ansteigt und Sie sich gehetzt und unter Druck fühlen. Notieren Sie im Gegenzug auch mindestens drei gute Momente des Tages. Fangen Sie sofort an: Wie sah Ihr heutiger Tag bisher aus?

Das fand ich heute stressig:

____

____

Das war heute schön:

____

____

____

____

3. Was sagt mein Stress über mich?

»——› Was genau hat mich in den stressigen Momenten eigentlich so auf Touren gebracht? Fühlte ich mich gehetzt? Vor eine unlösbare Aufgabe gestellt? Gekränkt? Was gibt es an diesen Stellen in meinem Leben vielleicht zu lernen?

4. Schätzfrage:

»——› Wie viel des Stresses in Ihrem Leben kommt von außen? Wie viel Druck machen Sie sich selbst? Schätzen Sie das Verhältnis von äußeren und inneren Anforderungen.

Anforderung von außen in Prozent:

Anforderungen von innen in Prozent:

5. Wie sorge ich für Entspannung?

»——› Was tun Sie, um im Laufe des Tages, am Abend oder auch am Wochenende runterzukommen? Haben Sie feste Rituale? Was könnte eine gute Kraftquelle für Sie sein?

6. Ein erster Schritt:

»——› Beim Nachdenken zu dieser Übung fand ich diese Sache am spannendsten. Daran möchte ich etwas ändern.

DER LOHN DER AUSGEGLICHENHEIT

In unserer Gesellschaft sind ja die aktiven Menschen durchaus besser angesehen als diejenigen, die häufiger Pause machen, Aufstiegschancen ablehnen und ihren Terminkalender abspecken. Schnell schneidet man im Slow-Modus im sozialen Vergleich schlecht ab. Das macht es schwierig, dem Stress wirklich den Rücken zu kehren. Doch es lohnt sich.

Jeder, der manchmal in einem Flugzeug sitzt, kennt die Ansage der Stewardess: »Im Falle eines Notfalls lösen sich Sauerstoffmasken aus den Vorrichtungen über Ihnen. Dann setzen Sie bitte zuerst sich selbst eine Maske auf, bevor Sie Mitreisenden helfen.« Der Sinn hinter der Anweisung ist klar: Wenn ich selbst keine Luft mehr bekomme, kann ich sowieso keinem mehr helfen. Also, erst sich selbst Luft verschaffen und dann helfen. Diese Anweisung für den Notfall gilt auch für Stress. *Wer ständig unter Strom steht, versackt in einer Art sehr persönlichem Tunnelblick.*

Im Stress fahren wir auf Sicht. Wir haben nur noch unser aktuelles Problem im Visier. Wir haben keinen Blick für die anderen Dinge des Lebens und auch nicht für unsere Kollegen oder Kinder. Nicht selten entsteht deshalb für gestresste Menschen auf Dauer noch mehr Druck in ihrem Leben. Denn die anderen werden irgendwann bemängeln, dass man sie kaum noch im Auge hat. *Deshalb: Auch, wenn sich das Leben oft so anfühlt, als wenn man diesen aktuellen Stress noch aushalten müsste und sich dann um sich selbst kümmert, hören Sie auf damit!*

Kümmern Sie sich um sich und Ihre Balance! Jetzt!

Dann bringen Sie Ihr eigenes Leben in bessere Bahnen – tun zugleich auch Ihren Mitmenschen, Ihren Kollegen und Kolleginnen und auch Ihrer Familie nur Gutes. Ein weiterer Vorteil: Wer selbst in persönlicher Balance gut trainiert ist, wird unempfänglicher für die Stressattacken von außen. Man lässt sich von der Hektik oder den Ängsten der anderen einfach nicht mehr anstecken. Wer selbst im Lot ist, kommt deshalb mit Stress bei Kollegen, Chef oder Familie besser klar, denn man behält auch einen kühlen Kopf, wenn es hektisch wird und springt nicht gleich auf jede Panik auf.

WIE HOCH IST MEIN STRESSLEVEL?

Wenn Sie wissen möchten, ob Sie in Ihrem Leben eine gute Energiebilanz leben oder Sorge haben, dass Sie sich vielleicht doch überfordern, müssen Sie nicht akribisch Stresssituationen zählen oder ängstlich Herausforderungen meiden. Sie können einfach schauen, wie es um Ihr Lebensgefühl steht. Denn das ist der beste Gradmesser für Ihre persönliche Energiebalance:

Menschen in Balance

- empfinden häufig gute Laune.
- können abends von beruflichen Aufgaben und anderen Pflichten abschalten und sich anderen Dingen in Ruhe widmen.
- haben häufig das befriedigende Gefühl: »Diese Aufgabe ist erledigt oder zumindest so weit erledigt, dass ich jetzt mal eine Pause mache.«
- haben Kraft für Tätigkeiten und Leidenschaften abseits von »Muss-Aufgaben«.
- verspüren Lust, sich mit anderen Menschen zu treffen.
- können ohne sofort in Grübeleien zu verfallen, Phasen der Ruhe und des Alleinseins genießen.
- erleben Momente großer Kreativität – und wenn es nur die spontane Idee für ein ausgefallenes Geschenk für eine Freundin ist oder die Inspiration, für einen Nachmittag ans Meer zu fahren, weil das Licht gerade so schön ist.
- haben einen Draht zur Welt, eine lebendige Wahrnehmung für ihre Umwelt, Farben, Gerüche etc.
- können sinnliche Eindrücke (Essen, Schönheit, Erotik etc.) besser genießen.

BEFINDEN SIE SICH INNERLICH IM GLEICHGEWICHT?

Versuchen Sie, Ihre persönliche Balance auf einer Skala von 1 (eher mies) bis 10 (alles gut) einzuordnen:

Heute: ______________________

Diese Woche: __________________

Das letzte Mal miese Balance: ________

Das letzte Mal sehr gute Balance: ______

Kreuzen Sie die Stresssignale an, die Sie kennen:

- ◯ *Meine Laune kippt plötzlich und für mich überraschend ins Negative.*
- ◯ *Ich kann meine freie Zeit kaum genießen. Manchmal tigere ich einfach durch die Wohnung, schaue viel fern.*
- ◯ *Ich kann innerlich kaum abschalten. Die Probleme kreisen in meinem Kopf.*
- ◯ *Ich vergesse regelmäßig bei der Arbeit über Stunden komplett, etwas zu trinken oder zu essen.*
- ◯ *Wenn ich morgens aufstehe, merke ich, dass meine Nackenmuskeln total verspannt sind.*
- ◯ *Wenn etwas Unvorhergesehenes passiert, zum Beispiel der Schnürsenkel reißt oder die Bahn sich verspätet, werde ich innerlich sehr aggressiv.*
- ◯ *Oft wache ich in den frühen Morgenstunden auf und grüble.*

Kennen Sie weitere ganz persönliche Warnsignale, wenn Sie zu sehr unter Stress geraten?

____

____

____

Wie stark bestimmt Stress Ihr Lebensgefühl? Erleben Sie diese Stresssymptome nur ab und zu oder fast täglich?

- ◯ *ab und zu*
- ◯ *fast täglich*

GESUNDE BALANCE

Alles, was lebendig ist, schwingt in einem Rhythmus. Unser Herz schlägt rhythmisch. Unser Tag teilt sich in Wach- und Schlafphasen. Unsere Muskeln können sich anspannen, wenn wir etwas hochheben und entspannen sich ohne Last. Sogar unsere Körperzellen pulsieren rhythmisch. Rhythmus ist auch das Geheimnis gesunder Balance.

Gute Balance bedeutet jedoch nicht, unseren Stresslevel auf null runterzuschrauben oder so weit es geht aus unserem Leben zu verbannen. Es geht vielmehr darum, ein gutes Wechselspiel zwischen An- und Entspannung zu finden. Einen Rhythmus, der uns belebt und fordert und zugleich Raum und Zeit für Entspannung lässt. Bereits unsere Urahnen wussten um diesen gesunden Rhythmus. Und noch bis vor gar nicht langer Zeit gab es im Leben der meisten Menschen feste Zeiten der Ruhe, wie den »heiligen« Sonntag oder die unumstößliche Mittagsruhe.
In den letzten Jahren ist dieses uralte menschliche Wissen ein wenig in Vergessenheit geraten. Vielleicht liegt es daran, dass wir uns so viel mit Maschinen umgeben, die ständig und ohne Unterlass leistungsfähig sind, sodass wir auch für uns selbst das Ideal entwickelt haben, ständig leistungsbereit und stets supereffektiv zu sein. Diesen Daseinszustand kann man vielleicht als Funktionieren bezeichnen. *Lebendigkeit ist jedoch weit mehr als schlichtes Funktionieren.*

Das Schwingen zwischen An- und Entspannung ist gesund.

Die Phase der Anspannung kennen die meisten von uns gut. Fast jedem ist bewusst, dass das Herz schneller schlägt, wenn wir in Stress kommen, dass man spürt, wie die Muskeln sich anspannen, dass man schneller ärgerlich und wütend wird als sonst oder zumindest ungeduldig. Man will sein Ziel erreichen. Unbedingt!
Was in der Phase der Entspannung passiert – und dass diese untrennbar zur Phase der Anspannung dazu gehört – ist vielen dagegen nicht bewusst. Wenn wir uns wieder entspannen, gibt es typische Signale dafür, dass sich unsere Sinne

wieder öffnen. Wir schalten vom Tunnelblick auf einen offenen Blick. Unsere Gefühlswelt entspannt sich. Emotionen wie Freude und Zuneigung haben wieder Platz. In der Entspannung können wir im besten Falle genießen, was wir mit unserer Kraft erreicht haben.

Aber auch, wenn es nicht geklappt hat, können wir in der Phase der Entspannung traurig und enttäuscht sein über unser Scheitern und uns im Kreis von Freunden und zugewandten Menschen Trost und Stärkung holen. Wir berichten anderen über unsere Erlebnisse und lernen aus dem Erlebten. So werden wir stärker und klüger für die nächste Herausforderung im Leben.

DIE PHASE DER ANSPANNUNG

Körper

- Die Muskeln spannen sich an
- Der Blutdruck steigt
- Stresshormone werden ausgeschüttet
- Hungergefühle und Verdauung ruhen
- Sexuelle Lust ruht auf Standby

Geist

- Die Konzentration nimmt zu
- Der Geist setzt den Fokus auf das Problem
- Wir agieren automatisch in gewohntem, sicheren Handeln

Gefühle

- Unsere Gefühlswelt ist eher negativ gestimmt: Aggression bis Wut, Angst bis Panik sind die stärksten Emotionen.

DIE PHASE DER ENTSPANNUNG

Körper

- Die Muskeln entspannen sich
- Der Blutdruck sinkt
- Die Stresshormone werden abgebaut
- Hungergefühle kommen, die Verdauung kommt in Schwung
- Sexualität hat wieder Platz in unserem Denken

Geist

- Unser Geist ist entspannt, unsere Kreativität kommt in Höchstform
- Wir haben einen offenen Blick für die Welt, unsere Sinne nehmen mehr wahr
- Wir sind offen für Neues und können über das Erlebte reflektieren

Gefühle

- Unsere Gefühlswelt bewegt sich am positiven Pol: Liebe und Zuneigung, Lust, Neugier, Freude sind typische Emotionen in Entspannung.

DIE PHASE DER ANSPANNUNG HÄLT AN

Ungesunder Dauerstress entsteht, wenn wir auf dem Wellenberg der Anspannung hängenbleiben. Keine Ruhepause ist in Sicht. Das heißt:

Der Körper bleibt angespannt

- Die Muskeln verhärten
- Der Blutdruck bleibt hoch
- Die Stresshormone häufen sich im Blut an
- Das Gefühl von Hunger/die Verdauung ist gestört
- Die Sexualität fällt flach

Der Geist bleibt angespannt

- Die dauerhafte Konzentration überlastet unser Gehirn, Blackout und bleierne Müdigkeit entstehen
- Der Tunnelblick, der Probleme in den Fokus nimmt, wird zum normalen Blick in die Welt, wir sehen überall Probleme
- Unser Gehirn spart Energie, indem es auf gewohntes, sicheres Handeln umschaltet. Das heißt jedoch auch: Wenn wieder jemand in der Tür steht und fragt: »Könntest du dies auch noch machen?« – dann sagen wir wie gewohnt: »Klar. Wird schon gehen.«

Ungute Gefühle entstehen

- Aggression bis Wut, Ängste bis Panik können sich in unserem Leben breitmachen und verstärken unsere Wahrnehmung, dass alles anstrengend und fürchterlich ist und niemals wieder besser wird.

AUCH RENNFAHRER SIEGEN NUR, WENN SIE GASPEDAL UND BREMSE BEDIENEN KÖNNEN.

UPGRADE FÜR IHRE ENTSPANNUNGSKOMPETENZ

Alle Tätigkeiten, die uns einfach Freude machen – ganz ohne Leistungsdruck – sind die idealen Kraftquellen. Bestimmt haben auch Sie Leidenschaften und Lieblingsbeschäftigungen, die Ihnen einfach Spaß bringen, in denen Sie abtauchen und sich wohlfühlen. Manchmal vergessen wir diese Schätze für unsere Energiebalance allerdings im Trubel des Alltags.

DAS MACHT MIR WIRKLICH FREUDE

Schreiben Sie 20 Dinge auf, die Sie einfach gerne tun. Von Espresso trinken an der kleinen Bar um die Ecke über Blumen kaufen bis Bergwandern. Schreiben Sie flott, ohne allzu viel nachzudenken. Danach bewerten Sie die Tätigkeiten nach ihrem Potenzial für Ihr Wohlgefühl:

Dinge, die Sie kurz aufheitern und glücklich machen, versehen Sie mit +
Dinge, die Sie langfristiger beglücken und zufrieden machen, versehen Sie mit ++

1. ______________ ☐
2. ______________ ☐
3. ______________ ☐
4. ______________ ☐
5. ______________ ☐
6. ______________ ☐
7. ______________ ☐
8. ______________ ☐
9. ______________ ☐
10. ______________ ☐
11. ______________ ☐
12. ______________ ☐

13. ______________________ ☐

14. ______________________ ☐

15. ______________________ ☐

16. ______________________ ☐

17. ______________________ ☐

18. ______________________ ☐

19. ______________________ ☐

20. ______________________ ☐

Nun fragen Sie sich: Wie oft tun Sie die Dinge, die kurz Spaß und Entspannung bringen? Wie regelmäßig widmen Sie sich den Dingen, die Ihnen dauerhaft Kraft geben?

Suchen Sie sich eine Sache aus, die Sie gerne öfter in Ihr Leben holen möchten.

Ich würde gerne öfter:

____

____

So könnte ich dies erreichen:

____

____

____

Das könnte meinen Plänen entgegenstehen:

____

____

Falls Widerstand aufkommt, könnte ich ihn so umgehen oder abschwächen oder aushalten:

____

____

Das ist mein erster Schritt:

____

____

STEIGEN SIE AUS DER ABWÄRTS-SPIRALE AUS

Viele haben das Gefühl, dass der Stress in ihrem Leben sie immer weiter in die Erschöpfung zieht. Andere finden, das Leben ist kein Wunschkonzert, und eine Menge Stress ist einfach normal. Die Erschöpfungsspirale zeigt, bei welchen Warnzeichen man aufhorchen sollte – und welche Gegenmaßnahmen im Notfall helfen können.

DIE ERSCHÖPFUNGSSPIRALE

Woche eins bis acht mit viel Stress:
Unser Körper und Geist ist relativ stark im Stress. Wir strengen uns an, wir geben alles. Etwa acht Wochen lang funktioniert das auch.

Ab acht Wochen unter Dauerstress:
Unser Stresssystem zeigt erste Überlastungsanzeichen. Wir schlafen schlecht, weil die Stresshormone im Blut nicht mehr vom Körper abgebaut werden können. Der Nacken schmerzt, weil wir ständig angespannt sind.

Ab mehreren Monate unter Dauerstress:
Zu den Schmerzen und Schlafproblemen kommen Konzentrationsschwierigkeiten hinzu. Unser Verhalten verändert sich: Wir ziehen uns sozial zurück, weil jedes Gespräch anstrengend ist. Und außerdem: Wir haben keine Zeit! Da ist noch so viel zu tun! Menschen, die viele Wochen im Stress sind, verlieren den Blick fürs Wesentliche. Alles scheint wichtig. Sie neigen deshalb paradoxerweise dazu, noch mehr zu arbeiten. Ärger mit der Familie ist vorprogrammiert. Nicht selten entstehen in dieser Zeit Süchte.

Ein bis zwei Jahre unter Dauerstress:
Der Stress hat so sehr an den Kräften gezehrt, dass richtige Krankheiten entstehen können. Bandscheibenvorfall, Tinnitus, Depressionen treten auf. Manchmal zieht ein totaler Zusammenbruch die Person aus dem Verkehr.

»Die Kunst des Ausruhens ist ein Teil der Kunst des Arbeitens.«

John Steinbeck

IHR NOTFALLKOFFER

Nehmen Sie die ersten Warnzeichen von zu viel Stress ernst. Wenn Sie nachts nicht mehr zur Ruhe kommen oder Sie diffuse Schmerzen quälen – dann fragen Sie sich selbst: Gibt es etwas, das mich stark stresst? Um wieder in das Gefühl von An- und Entspannung zu kommen, kann Sport (moderat) sinnvoll sein. Spazieren gehen, schwimmen – das sind Sportarten, die uns entspannen und Rhythmus spüren lassen. Ebenfalls wichtig: Machen Sie Pausen. Kurze Pausen alle 60 bis 90 Minuten. Mittagspause mindestens 30 Minuten.

Wenn Ihre Laune immer öfter kippt, Sie rund um die Uhr an Ihre Arbeit denken und der Arbeitsberg trotzdem immer weiter wächst, sollten Sie mit Menschen reden, denen Sie vertrauen. Vielleicht steht auch ein Gespräch mit Ihrem Vorgesetzten über die Aufgabendichte und Verantwortlichkeiten im Job an. Oder ein Gespräch mit dem Partner über die Belastungen in der Familie? Im Stress wollen wir am liebsten die Augen zumachen und es hinter uns bringen. Aber damit laufen wir oft gegen die Wand. Brechen Sie das Schweigen! Sprechen Sie über Ihre Überlastung und suchen Sie nach konstruktiven Veränderungen.

Wenn Sie Gedanken entwickeln, die sich darum drehen, einfach alles hinzuschmeißen, vielleicht sogar Ihr eigenes Leben, oder wenn Sie ernsthafte Erkrankungen wie chronische Rückenschmerzen, Migräne etc. entwickeln, sollten Sie einen Arzt aufsuchen – und ihm sowohl von Ihren Beschwerden als auch von dem Stress in Ihrem Leben erzählen. Es muss natürlich ein Arzt sein, dem Sie vertrauen.

STRESSKNACKER FÜR JEDEN TAG

Praxistipps

ERHOLSAME PAUSEN

Pausen sind wichtig

★ Pausen sind die Bandscheiben des Alltags – sie verbinden unsere Aufgaben flexibel miteinander und verhindern Überlastung. Kleine Auszeiten am Tag sorgen für mehr Energie – auch nach Feierabend.

Warten Sie nicht auf den richtigen Moment für eine Auszeit

★ Auf den »richtigen« Moment für eine Pause kann man lange warten. Entscheiden Sie sich aktiv für kleine Auszeiten. Sie haben sie verdient!

Eine gute Pause ist entspannt

Entspannte Gedanken:

Denken Sie an etwas Angenehmes. Keine Konfliktgespräche, keine Klagen über blöde Kunden.

Entspannte Körperhaltung:

Schulterkreisen und Rekeln hilft.

Schon drei Minuten sind eine gute Pause

★ Vier tiefe Atemzüge zügeln unser Stresssystem, der Herzschlag wird ruhiger, die Muskeln und Gedanken entspannen sich.

30 Minuten sind eine gute Mittagspause

★ Ortswechsel und Bewegung helfen beim Abschalten. Leichtes Essen und viel Trinken. Und: Reden Sie nicht über die Arbeit!

So gelingt der Übergang vom Arbeitstag zum Feierabend

★ Beenden Sie Ihren Arbeitstag bewusst. Lassen Sie ihn dafür fünf Minuten Revue passieren und fragen Sie sich:
Was habe ich heute getan?
Worüber habe ich mich gefreut?
Worauf kann ich stolz sein?

Notieren Sie ein paar Stichworte dazu in einem Heft. Schauen Sie kurz auf Ihre Notizen und sagen Sie laut zu sich selbst: »So! Feierabend!«
Klappen Sie das Heft zu. Bitte kein Perfektionismus! Die Übung dient schlicht

dazu, sich bewusst zu machen, was man überhaupt getan hat – und die Arbeit dann auch wirklich hinter sich zu lassen.

Wer sich selbst wertschätzt, hat weniger Stress.

WEISEN SIE DEN STRESS IN DIE SCHRANKEN

Hören Sie nicht jeden Aufruf

★ Gewöhnen Sie sich an, jede Anforderung, die an Sie herangetragen wird, kurz zu prüfen: Möchte ich das tun? Ist jetzt die richtige Zeit für mich, um mich darum zu kümmern?

Nehmen Sie sich zwei Minuten Bedenkzeit – immer

★ Erlauben Sie sich etwas Bedenkzeit, bevor Sie zu einer Aufgabe »Ja« sagen – oder eben »Nein«.

Schlafen Sie über größere Entscheidungen

★ Gerade Anforderungen, die unsere Kräfte in größerem Maße oder über einen längeren Zeitraum binden werden, sind eine Bedenkzeit wert. Nach »einer Nacht drüber schlafen« sieht man viel klarer.

Trauen Sie sich, »Nein« zu sagen

★ Ihr Impuls ist, »Nein« zu sagen. Doch Sie trauen sich nicht? Fragen Sie sich: Stirbt jemand, wenn ich »Nein« sage? Was passiert schlimmstenfalls? Mein Chef wundert sich? Mein Kind ist frustriert? Und beachten Sie: Nach dem »Nein« heißt es aushalten, dass Ihr Gegenüber vielleicht etwas irritiert ist. Das darf es. Das geht vorbei.

Wenn der Geist es nicht fassen kann, hilft malen

★ Malen Sie Situationen auf, die Sie stressen. Eine einfache Skizze genügt. Worum geht es? Welche Rolle habe ich? Was sind die Rahmenbedingungen? Sie werden sofort klarer sehen, an welcher Stelle der Druck entsteht – und damit vielleicht auch eine Idee haben, was Sie tun werden.

Kürzen Sie ab

★ Bevor Sie losrennen, fragen Sie sich: Was wäre der kürzeste Weg zum Ziel? Beispiel: Präsentation für den Chef – der Chef soll einen Überblick über den Projektstand haben. Ergo: Man braucht keine ausgefeilte Powershow, sondern vielleicht nur vier zentrale Folien. Werden Sie Abkürzungsmeister!

DIE MACHT UNSERER GEFÜHLE

Gefühle hat man einfach. Oder? Wenn man nachts allein auf der Straße läuft und schnelle Schritte hinter sich hört, bekommt man Angst. Und wenn ein Freund einen guten Witz erzählt, lacht man und kriegt gute Laune.

Die meisten wissen, dass die eher negativen Gefühle wie Angst oder Wut dazu da sind, um den Menschen dabei zu unterstützen, sich zu schützen. Denn diese Gefühle sind direkt mit Handlungen verknüpft, mit denen wir uns aktiv schützen oder verteidigen. Wenn wir Angst empfinden, schauen wir uns nach Fluchtmöglichkeiten um oder wünschen uns zumindest in Gedanken ganz weit weg. Wenn wir wütend werden, gehen wir zum Angriff über und attackieren unser Gegenüber mit Worten oder im Notfall auch mit Fäusten.

DER SINN POSITIVER EMOTIONEN

Erst in jüngerer Zeit haben Mediziner und Psychologen untersucht, wie stark unser Empfinden von Stress und unsere Gefühle zusammenhängen: Unter starkem Stress bekommen wir schlechte Laune, entwickeln Angst, Aggression und Wut. Die positiven Gefühle wie Freude, Neugier und Lust verflüchtigen sich völlig.
Aus Sicht der Evolution macht das ja auch Sinn. Denn ursprünglich sorgte die Stressreaktion dafür, dass wir angesichts eines Angriffs oder einer Bedrohung mutig und ohne viel zu überlegen den Kampf oder die Flucht antraten. *Angst und Wut sorgten also dafür, dass der Mensch sich schützt und kämpft. Unter diesem Blickwinkel schienen die positiven Gefühle einfach so etwas wie Belohnungsgefühle zu sein: Freude, wenn man es geschafft hat, zu siegen. Lust, weil das Gefühl der Fortpflanzung nutzt.*

Positive Gefühle öffnen uns die Welt.

Doch heute weiß man, positive Gefühle erfüllen viel mehr Funktionen, als man bisher gedacht hat. Studien zeigen, dass sich unsere Wahrnehmung regelrecht ausweitet, wenn wir Freude oder Liebe empfinden. Wir hören besser, sehen mehr. Wir interessieren uns für andere Menschen, haben mehr kreative Einfälle. Die positiven Gefühle sorgen dafür, dass wir unseren Blick öffnen und neugierig die Welt erkunden.
Weiter nimmt man an, dass Freude, Neugier und Lust bereits in der Steinzeit die Triebfeder waren, die Menschen dazu anspornten, sich neugierig und spielerisch auf die Suche nach neuen Erkenntnissen und Entdeckungen zu machen, sobald sie sich wohl und sicher fühlten. Deshalb treten diese Gefühle auch viel stärker in den Vordergrund, wenn wir entspannt sind.
Dieser ausgeprägte Entdeckergeist macht den Menschen schließlich aus. Christoph Kolumbus (1451–1506) wäre niemals zu seiner Seefahrt ins Unbekannte aufgebrochen, wenn ängstliche Stimmung sein Begleiter gewesen wäre. Nur die Abenteuerlust, die Neugier und das Vertrauen in die eigenen Fähigkeiten haben ihn aufs Meer geschickt.

WAS KANN MAN DARAUS LERNEN?

1. An unseren Gefühlen können wir gut ablesen, in welchen Momenten des Tages wir in Stress kommen – und in welchen Situationen und Momenten wir uns entspannen. Oftmals ist ein Gefühlsprotokoll des Tages leichter zu erstellen und gibt bessere Hinweise auf die Situationen, die uns stressen, als wenn wir uns fragen: Wann war ich heute angespannt und wann entspannt?

2. Wir können Stressgefühlen entgegensteuern, indem wir uns bewusst angenehmen Gedanken oder Tätigkeiten widmen. Wenn Sie das nächste Mal merken, dass Sie unter Druck stehen, wenden Sie Ihre Gedanken weg vom stressigen Thema. Machen Sie sich stattdessen eine schöne Musik an. Denken Sie an den letzten Sommerurlaub. Sprechen Sie mit einer Kollegin über etwas Erfreuliches. Wenn Sie sich danach wieder Ihrem Problem zuwenden, werden Sie merken: Der absichtliche Schwenk ins Reich der positiven Emotionen entspannt Sie und öffnet Ihren Geist. Dadurch wird ein neuer Blick auf das Problem möglich, und nicht selten kommen einem plötzlich Lösungsideen in den Sinn, die unter Druck nicht aufgetaucht wären.

HALTEN SIE UNANGENEHME GEFÜHLE AUS!

Übung

Wenn wir uns richtig geärgert haben oder uns gekränkt fühlen, ist es gar nicht leicht, von unseren negativen Gefühlen wieder in eine positive Stimmung zu kommen. Wut, Kummer, schlechtes Gewissen oder Ängste besetzen uns regelrecht und ziehen endlose Grübelschleifen nach sich.

In der Regel möchten wir unangenehme Gefühle einfach nur schnell wieder loswerden. Doch meist funktioniert das nicht. Eine Übung kann helfen, aus der Gefühlsglocke auszusteigen. Sie heißt »der ungebetene Hausgast«. Am besten funktioniert sie, wenn Sie gerade nicht in der Angst- oder Wutschleife feststecken. Es ist insofern eher eine Vorsorgeübung, um mit der nächsten Attacke schwieriger Gefühle besser umzugehen. Die Übung wird hier am Beispiel von Ängsten erklärt. Sie funktioniert aber genauso bei Gefühlen von Wut und Ärger oder Scham.

DER UNGEBETENE HAUSGAST

Stellen Sie zwei Stühle im Zimmer auf, sodass sie einander gegenüber stehen. Auf einen Stuhl setzen Sie sich selbst, auf den anderen Stuhl setzen Sie in Gedanken das Gefühl, also in diesem Fall Ihre Angst.

Stellen Sie sich nun das Gefühl ganz plastisch vor. Wie würde die Angst aussehen, wenn sie nicht nur in Ihrem Kopf, sondern ein reales Wesen wäre? Wäre sie ein Mensch oder eher ein Tier? Wäre sie groß oder klein? Haarig oder kahl? Welche Farbe hat sie? Welche Geräusche macht sie? Wie blickt sie Sie an? Falls es Sie ängstigt, setzen Sie sie in Ihrer Fantasie einfach hinter Gitter. Lassen Sie die Bilder in Ihrem Kopf entstehen. Nehmen Sie sich dafür einige Minuten Zeit.

Wenn Sie Ihren Hausgast nun ganz plastisch vor Augen haben, fragen Sie sich nun: Was müsste passieren, damit der ungebetene Hausgast drüben auf dem

Stuhl noch größer, noch bedrohlicher wird? Welche Gedanken lassen ihn wachsen? Könnte er auch kleiner werden? Freundlicher? Was wären dafür hilfreiche Gedanken?

Sprechen Sie nun mit Ihrer Angst. Fragen Sie sie: Was möchtest du eigentlich von mir? Warum besuchst du mich so oft überraschend? Und hockst dich dann hier fest? Gibt es auch irgendeine nützliche Seite an deinem Besuch?

Sie werden spüren, dass Sie allein durch diesen Perspektivwechsel Antworten bekommen. Vielleicht sagt Ihnen Ihre Angst, dass sie Sie beschützen oder warnen möchte. Oder sie möchte Sie an etwas erinnern, das Sie nie vergessen wollten. Vielleicht kommt sie auch nur vorbei, weil sie einfach immer in ähnlichen Situationen kommt.

In einem zweiten Schritt zum Perspektivwechsel schlüpfen Sie im Geiste selbst in die Rolle Ihres Gefühls: Wie fühlt es sich an, dass man eigentlich Gutes will und ständig so wenig willkommen ist? Was könnte ich (als Gefühl) tun, um *gebetener* Hausgast zu werden?

Vielleicht finden Sie heraus, dass Ihre Angst nicht so groß werden wird, wenn Sie sie zulassen und ihr ganz unaufgeregt zuhören, was sie Ihnen mitteilen möchte.

Der Trick ist: Wenn wir unserem Gefühl eine Gestalt geben und uns trauen, es mal aus einem anderen Blickwinkel zu betrachten, verstehen wir häufig, was es uns wirklich sagen möchte, wozu es gut ist. Oft wird es dadurch schwächer, denn es verliert seine Aufgabe als Alarmzeichen. Es kann seine Nachricht ohne lautes Getöse loswerden.

MEIN TAG

Erstellen Sie sich eine Tabelle mit drei Spalten für Ihren Tagesablauf. Links fügen Sie die Uhrzeiten ein, in die mittlere Spalte »Was tue ich?« und in die dritte Spalte »Wie fühle ich mich?«.

Uhrzeit	*Was tue ich?*	*Wie fühle ich mich?*
5 bis 6	______________________	______________________
6 bis 7	______________________	______________________
8 bis 9 *usw.*	______________________	______________________
	______________________	______________________
	______________________	______________________
	______________________	______________________
	______________________	______________________

Schreiben Sie nun im Laufe des Tages Ihre Tätigkeiten auf und wie Sie sich dabei gefühlt haben. Wenn Sie Ihren Tagesablauf fertig eingetragen haben, stellen Sie sich folgende Fragen:

Was fühle ich an einem Tag?

Was sind die besonders freudigen oder leichten Momente meines Tages? Welches sind die Tätigkeiten, die bei mir eher angespannte Gefühle auslösen?

Wie ausgewogen ist mein Tag?

Wie empfinde ich die Häufigkeit der guten Momente in meinem Tag. Wie häufig empfinde ich eher negative Gefühle? Empfinde ich den Wechsel als ausgewogen? Ballen sich bestimmte Emotionen an bestimmten Tageszeiten? Fehlen manche Gefühlsqualitäten völlig?

Was möchte ich verstärken, vielleicht auch verändern?

Was könnte ich tun, damit die guten Momente verlässlich stattfinden? Vielleicht könnte ich sie sogar ausbauen oder im Tag geschickter verteilen?

Was sind die besonders anstrengenden Momente?

Welche Gefühle begleiten diese Situationen/Momente des Tages (Ärger bis Wut, Unlust, gekränkt sein etc.)? Und was genau löst an der Situation meinen Stressimpuls aus?

Was kann ich dagegen tun?

Kann ich zumindest einige der schwierigen Momente reduzieren oder auch abschwächen?

Das ist mir besonders wichtig. Darauf werde ich zukünftig achten:

ÜBUNG MACHT DEN MEISTER

Der Mensch hat ein außergewöhnlich großes Gehirn für seine Körpergröße. Besonders das sogenannte Stirnhirn, das sich tatsächlich hinter der Stirn befindet, hat sich in den letzten Entwicklungsschritten des Menschen enorm vergrößert. Deshalb ist der Mensch so kreativ und ideenreich im Lösen von Problemen. Stress hemmt diese Gabe allerdings. Training kann sie stärken.

ÜBUNGEN KÖNNEN DAS KLARE DENKEN STÄRKEN

Direkt hinter unserer Stirn liegt der Bereich unseres Denkorgans, das dafür zuständig ist, unser Handeln zu planen und gut abgewogene Entscheidungen zu treffen. Studien zeigen, dass genau diese Hirnregion stärker wird und sich die Nervenzellen besser vernetzen, wenn wir uns in Gelassenheit üben. Ein Effekt dieser Vernetzung: Wenn wir in schwierige Situationen geraten, schaltet unser Stresssystem nicht sofort auf Alarm, wir behalten vielmehr den Überblick. Wir können in gewisser Weise die Situation betrachten – und uns selbst in der Situation. Wir werden nicht von dem Geschehen wie automatisch in irgendwelche Gefühle, Gedanken und Aktionen geschubst, sondern können gelassen und besonnen bleiben.

Am besten untersucht ist dies bei Menschen, die meditieren oder die Übungen aus dem Mindfulness Based Stress Reduction (MBSR) aktiv praktizieren. In MBSR-Kursen lernen die Teilnehmer, wie es gelingt, eine Situation ganz schlicht wahrzunehmen – ohne sie sofort zu bewerten. Man erkundet seine typischen Katastrophengedanken und lernt, sich körperlich und geistig zu entspannen. Auch Übungen aus dem Yoga, Körperarbeit und Meditationsübungen sind Teil der Kursinhalte. Bereits nach acht Wochen des Übens zeigen sich im Stirnhirn mehr Vernetzungen unter den Nervenbahnen als zuvor. Die Hirnregion arbeitet ganz offensichtlich mehr. Klares Denken wird gestärkt – und damit auch die Fähigkeit, einen kühlen Kopf zu bewahren und in verzwickten Situationen ziemlich schnell gute Lösungsmöglichkeiten zu sehen.

Zugleich scheint sich mit den Übungen aus Achtsamkeit und Meditation die Vernetzung zwischen dem Stirnhirn und dem sogenannten Mandelkern etwas zu lockern. Der Mandelkern ist eine sehr alte Gehirnstruktur, die tief im Inneren unseres Gehirns sitzt. Sie ist besonders aktiv, wenn wir uns erschrecken oder ängstigen. Bei Stress springt sie ebenfalls an und sorgt für den Hang zu Aggression und Angst im Zusammenhang mit Stress. Die stete Übung in Gelassenheit sorgt ganz offensichtlich dafür, dass dieses Hirnzentrum seltener angesprochen wird. Natürlich möchte nicht jeder zum Meditationsguru werden. Aber die Studien zeigen, wie flexibel unser Gehirn ist. Und dass es sich immer in die Richtung entwickelt, die wir besonders häufig nutzen. Sei es Stress oder Gelassenheit.

Schauen Sie sich den Stress in Ihrem Leben aktiv an und entwickeln Sie einen neuen, leichteren Umgang mit fordernden Situationen. Sie sorgen so automatisch dafür, dass sich im Gehirn neue Wege bahnen, die sie langfristig in Ihrem Vorhaben unterstützen. Mit jeder kreativ gelösten Belastung entstehen neue Verbindungen im Gehirn. Und es kann gut sein, dass sich das Lebensgefühl »Oh Gott, wie soll ich das schaffen!« zurückzieht und immer häufiger das Gefühl entsteht: »Aha, so ist das also. Diese Situation steht jetzt an. Gucken wir mal, was da wirklich zu tun ist. Damit werde ich schon zurechtkommen.«

Zweites Kapitel

Wie bedrohlich ist Stress wirklich? Wie wir lernen, neue Handlungsmöglichkeiten zu erkennen

In diesem Kapitel erfahren Sie:

Warum es häufig sinnvoll ist, das erste Gefühl von Stress nicht ganz so ernst zu nehmen

Warum jeden Menschen andere Situationen stressen

Wie Sie es in Zukunft vermeiden, in jedem Papptiger den Tiger zu sehen

Wie eine Minute Innehalten den ganzen Tag verändern kann

LERNEN SIE, TIGER VON PAPPTIGERN ZU UNTERSCHEIDEN

Stress fühlt sich ja oft so an, als sei es ein Gefühl, dass einen einfach mitreißt. Doch wenn man sich eine einzelne Stressreaktion anschaut, wird klar, dass die Stresswelle sich in zwei Stufen aufbaut. Wer diese Stufen bewusst unterscheidet, hat den ersten Schritt zu mehr Gelassenheit bereits getan.

DIE ERSTE STUFE DER STRESSREAKTION

Wir nehmen eine Situation wahr: Das Telefon klingelt und der Klempner ist dran, der in unserem Eigenheim die Installationen macht. Er sagt, dass er gerade die Hauptleitung in unserem Neubau zerstört hat und der ganze Keller überschwemmt ist. Vermutlich spüren wir bei dem Satz, wie uns ein wenig warm wird. Vielleicht spüren wir sogar einen Schreck. Blitzschnell bewerten wir die Sache in einer Art simplem Raster: Ist die Nachricht erfreulich, irrelevant oder bedrohlich? Im Falle der Überschwemmung werten wir den Anruf vermutlich als relevant und potenziell auch als bedrohlich. Schließlich ist es unser Keller, der da zum See geworden ist.

DIE ZWEITE STUFE DER STRESSREAKTION

Doch auf diese grobe Einordnung folgt die zweite Stufe der Stressreaktion – und genau diese entscheidet letztlich darüber, wie anstrengend es für uns wird, wie sehr unser Stresssystem auf Touren kommt.

Hier entscheidet sich, ob unser Puls auf 180 steigt oder ob wir relativ entspannt bleiben. Denn im zweiten Schritt analysieren wir die Situation noch einmal etwas genauer und checken ab: Okay. Es ist bedrohlich. Aber habe ich die Möglichkeiten (Ressourcen), um die Sache zu bewältigen? Kann ich die Situation mit meinen Fähigkeiten vielleicht sogar relativ problemlos in den Griff bekommen? Wenn hier die Antwort »Ja« ist, wird unsere Stressreaktion eher moderat ausfallen.

Anders ist es, wenn wir die Sache als Megabedrohung bewerten und zugleich die Angst entsteht, dass wir es vielleicht nicht schaffen, eine gute Lösung zu finden. Dann empfinden wir die Situation als echten »Angriff«, der uns großen Schaden zufügen wird.

Den Unterschied könnte in diesem Beispiel die Gewissheit machen, dass der Handwerker eine Haftpflichtversicherung hat, die den Schaden übernehmen wird. Dann kann man nach dem ersten Schreck relativ gelassen bleiben. Es könnte auch sein, dass man so etwas schon mal erlebt hat und weiß, dass der Boden mit der richtigen Belüftung flott wieder trocken wird.

Wenn man allerdings Schwarzarbeiter engagiert hat, die morgen abreisen und der Schaden samt Kosten zu 100 Prozent an einem selbst hängenbleibt, sieht die Sache schon anders aus. Oder wenn die Arbeit des Installateurs echt der letzte Handschlag war, der im Haus anstand, und der Umzug ins neue Heim in wenigen Tagen stattfindet. Dann ist es ziemlich sicher, dass der Stresspegel hochsaust, weil man spürt, dass man richtig in der Tinte sitzt.

Handlungsfähigkeit ist das Zauberwort, das Stressforscher immer wieder benennen. Wer das Gefühl hat: Ich kann mit der Anforderung klarkommen, und ich weiß auch schon wie, der hat weniger Stress als alle, die gestresst, aber starr wie das Kaninchen vor der Schlange hocken und sich angstvoll fragen: Werde ich das überleben?

Denken Sie doch mal über folgende Fragen nach:
Welche Situationen stressen Freunde von mir oder meinen Partner, in denen ich sofort eine Lösung wüsste?
Welche Situationen lösen in mir das Gefühl aus, dass ich ohnmächtig und hilflos bin?

DIE GESCHICHTE VON ZWEI MÄNNERN IM FINNISCHEN WALD

Lassen Sie einmal die folgende Geschichte auf sich wirken.

Es war einmal ein Tourist, der mit seiner Reisegruppe den finnischen Wald besuchte. Man war spaziert, hatte sogar Elche gesehen und sich beim Picknick ausgeruht. Der Tourist war ein wenig durch den ruhigen Wald gestreift, um die Natur ohne das Geplapper der anderen zu erleben. Doch als er wieder zum Platz zurückkehren möchte, muss er feststellen: Die anderen sind ohne ihn abgefahren. Sie haben ihn einfach vergessen. Und jetzt dämmert es schnell, und das Handy ist auch ohne Empfang. Die nächste Stadt ist 40 Kilometer entfernt. Und ihm ist klar: Diese Nacht werde ich allein im Wald verbringen müssen. Zum Glück hat er eine Flasche Wasser eingesteckt.

Sein Gefühl: Stress und vermutlich auch Angst.

Nur wenige Kilometer entfernt sitzt ein zweiter Mann zur selben Zeit im Wald fest. Auch ihn haben seine Mitfahrer vergessen und auch er wird die Nacht im Wald verbringen müssen. Sein Handy hat ebenfalls keinen Empfang. Und er hat nur eine Flasche Wasser dabei. Doch dieser Mann ist nicht gestresst, obwohl er ein wenig erschrocken war, als er bemerkte, dass das Auto weg war.

Sein Gefühl: Er sitzt recht gelassen unter einem Baum.

DAS GEHEIMNIS DES ZWEITEN MANNES

Der zweite Mann ist ein finnischer Holzfäller. Er weiß, wie er sich aus Zweigen einen Unterstand baut, in dem er die Nacht überstehen kann. Er weiß, dass es in diesem Wald keine Bären gibt und daher keine tödliche Bedrohung. Er kennt die essbaren Beeren und hat sich ein paar gepflückt. Wenn er ganz ehrlich ist, dann freut er sich sogar ein wenig auf das Abenteuer. Denn eine Nacht im Wald – das hat er in seiner Jugend manchmal gemacht. Aber nun schon lange nicht mehr. Dabei mochte er diese einsame Zeit im Wald immer gerne.

JEDEN MENSCHEN STRESST ETWAS ANDERES

Zwei Menschen können exakt der gleichen Herausforderung ausgesetzt sein, und der eine ist komplett gestresst, während der andere gelassen bleibt oder sich sogar über die Aufgabe freut. Es hängt letztlich nicht von der Situation an sich ab, ob sie stresst, sondern davon, ob wir subjektiv das Gefühl haben, mit der Sache zurechtkommen zu können.
Auf einer etwas abstrakteren Ebene unterscheiden sich die beiden Männer in drei Punkten. Und diese drei Punkte, auf die wir nachher noch ausführlicher eingehen werden, sind auch die wichtigsten Hebel, wenn man einer stressigen Situation den Druck nehmen möchte.

1. Verstehen

Während der Holzfäller den Wald und seine Regeln kennt, fühlt der Tourist sich ohnmächtig einer völlig fremden Welt ausgeliefert. Jedes Geräusch wird für ihn zum möglichen Vorboten einer grausigen Gefahr. Der Holzfäller weiß auch, dass seine Kollegen sich vermutlich einen Spaß mit ihm erlaubt haben. Sie hatten ihn schon öfter mit seiner Liebe zur Natur aufgezogen. Der Tourist ist fassungslos, dass seine Miturlauber ihn einfach vergessen konnten. Er versteht überhaupt nicht, wie das passieren konnte.

2. Handlungsmöglichkeit

Der Holzfäller weiß, wie man eine Nacht im Wald verbringt. Er hat dies als Jugendlicher getan. Er weiß, welche Zweige gut abzubrechen sind, in welchen Ecken des Waldes es am geschütztesten ist. Sogar Nahrung kann er sich beschaffen. Der Tourist steht da und friert. Und er weiß gar nicht, wo er schlafen soll. Oder ob man dann vielleicht erfriert. Er kann sich kein Essen besorgen, sich keinen Rückzugsort bauen. Er fühlt sich ohnmächtig und hilflos.

3. Sinn

Der Holzfäller findet flott einen Sinn in der Situation: Endlich mal wieder draußen übernachten. Was ein Abenteuer! Der Tourist bleibt in der Fassungslosigkeit stecken.

STRESS ENTSCHÄRFEN MIT DEM VHS-PRINZIP

In Stresssituationen, in denen wir keinen Ausweg finden, sind wir ein wenig wie der Tourist im finnischen Wald. Fassen wir nochmals die drei wichtigsten Punkte zusammen, die eine Situation für uns besonders stressig werden lassen:

Verstehen: Die Aufgabe ist wichtig für mich. Aber ich verstehe nicht genau, was ich tun soll, um sie gut zu bewältigen.

Handlungsmöglichkeit: Ich sehe keine Handlungsmöglichkeiten, um die wichtige Situation gut zu bewältigen. Ohnmachtsgefühle machen sich breit.

Sinn: Für mich machen die ganze Situation und die Anforderung keinen Sinn!

Verstehen, Handlungsfähigkeit und Sinn sind die zentralen Hebel, die eine Aufgabe von »gut machbar« zu »total der Stress« verschieben können. Genau deshalb können wir auch jede Situation entschärfen, wenn wir erst einmal schauen, auf welcher Ebene der Stress entsteht, um diese dann zu stärken. Mit etwas Übung können Sie so die meisten Stresssituationen knacken. Das lohnt sich vor allem für die Begebenheiten, die Sie immer wieder stressen, und in denen Sie bisher das Gefühl hatten, dass Sie nichts ändern können. Probieren Sie es aus!

★ *Eine Situation, die mich immer wieder stresst:*

____

★ *Welcher Aspekt ist hier für meinen Stress besonders relevant? Weiß ich nicht, wie ich handeln kann? Verstehe ich nicht, was genau zu tun ist? Oder fehlt mir der Sinn in der Sache?*

____

Der Aspekt Verstehen der Aufgabe würde sich verbessern, wenn …

____

____

In dieser Situation könnten folgende neue Handlungsmöglichkeiten entstehen:

____

____

Der Sinn der Aufgabe könnte für mich klarer werden, wenn …

____

____

★ *Und nun der letzte Schritt: Diesen Aspekt könnte ich sofort verbessern, indem ich …*

____

____

WENN ICH DEN STRESSAUSLÖSER NICHT BEEINFLUSSEN KANN?

Die harte Wahrheit gleich zuerst: Wenn wir uns darauf versteifen, Geschehnisse in den Griff zu bekommen, auf die wir keinen Einfluss haben, ist Dauerstress und Frust fast vorprogrammiert. Unveränderliche Dinge können zum Beispiel die Umorganisation in der Firma sein oder die wankende Liebe unseres Partners. Jedoch auch in dieser schlimmen Lage gibt es Bereiche, in denen wir selbst Einfluss nehmen können. Auf diese gilt es, sich zu konzentrieren, wenn man nicht in Frust und Stress versinken möchte. Die Dinge, die wir ganz offensichtlich nicht beeinflussen können, sollten wir genau als das akzeptieren, was sie sind: Rahmenbedingungen, die außerhalb unserer Kontrolle liegen.

In Bezug auf eine drohende Umstrukturierung heißt dies dann:

Ich kann die Veränderungspläne nur akzeptieren – auch wenn ich sie nicht gut finde, höre ich auf, damit zu hadern. Meine Kraft nutze ich lieber, um zu schauen, dass ich mich gut vernetze, dafür sorge, dass meine Fähigkeiten wertgeschätzt werden und bereite mich damit auf mögliche, anstehende Veränderungen vor. Ich kann sogar meinen Chef darum bitten, unser Team transparent mit Informationen rund um die Veränderungsprozesse zu versorgen. Möglicherweise habe ich hier Einfluss.

SCHEITERN IST SCHLIMM? VERGESSEN SIE ES!

Oftmals lassen wir uns vom Leben hetzen, weil wir von der Angst getrieben sind, zu versagen. Aber was ist eigentlich so schlimm daran, wenn mal etwas nicht klappt?

Vielleicht sagen Sie jetzt: »Na ja, zu scheitern ist schlicht fürchterlich. Man steht dumm da oder verliert vielleicht seine Arbeit oder viel Geld!«
Das stimmt natürlich. Nur: Der Mensch ist nicht geboren, um immer zu siegen und auf einer Welle des steten Gelingens von der Wiege bis zur Bahre zu surfen. Wir kommen als lernende Wesen auf die Welt – aber nur der stete Versuch etwas zu erreichen, auch wenn wir dabei ab und zu hinfallen und wieder aufstehen, macht uns zu dem, was wir sind.
Das kann man bei kleinen Kindern am besten beobachten: Es gibt kein Kleinkind, das beim ersten Hinfallen sitzen bleibt und entscheidet: »Das Laufen? Das lasse ich. Da bleibe ich doch lieber beim sicheren Krabbeln, das kann ich wenigstens und es bringt mich auch voran.« Kinder stehen nach jedem Sturz wieder auf und scheren sich nicht darum, was die anderen denken. Nur deshalb können sie nach einigen Wochen wirklich laufen. Viele große Erfinder und Veränderer haben sich diese kindliche, unängstliche Sicht auf das Scheitern bewahrt. So sagte der Apple-Gründer Steve Jobs (1955–2011) einmal:
»Ich bin immer wieder gescheitert und das ist der Grund, warum ich so erfolgreich bin.«

Und Albert Einstein (1879–1955) bemerkte:
»Wer nie einen Fehler beging, hat nie etwas Neues ausprobiert.«

Die Angst vor dem Scheitern vergrößert häufig unseren Stress.
Viel gesünder wäre eine Haltung, die heißt:
Ich gebe mein Bestes, und ich weiß ganz gut, was ich kann. Und wenn dies mal nicht reicht, dann ist das eben so. Dann lerne ich bestimmt was daraus und wachse daran.

DAS POSITIVE IN EINER NIEDERLAGE SEHEN

Stellen Sie sich zwei bis fünf Situationen vor, in denen Sie gescheitert sind. Ihre Gehaltserhöhung wurde abgelehnt, die Party war ein Desaster, obwohl Sie sich so gestresst hatten, um sie gut vorzubereiten. Die Beziehung ist gescheitert, obwohl Sie sich so angestrengt haben, es Ihrem Partner recht zu machen. Nehmen Sie sich nun eine einzelne Situation noch einmal vor und beantworten Sie folgende Fragen:

1 Jahr später:
Häufig können wir im Rückblick durchaus sehen, dass die meisten Katastrophen in unserem Leben sehr wohl Unterhaltungswert hatten. Denken Sie an eine Situation zurück, die sehr nervig war. Hat der Stress von damals heute Anekdotenwert für Sie? Können Sie über die Situation im Rückblick lachen?
Falls ja: Wenn das nächste Mal alles schief geht, könnten Sie sofort auf den Humormodus schalten, anstatt sich zu schämen oder zu hadern.

Auf lange Sicht:
Viele Menschen sind im Rückblick sogar dankbar für ihre Krisen und Niederlagen. Sie spüren, dass sie daran gewachsen sind. Denn oft stehen wir gestärkt auf, wenn wir hinfallen – und häufig schlagen wir danach einen Weg ein, der viel besser zu uns passt. Ist aus Ihrer Niederlage von damals vielleicht auch etwas Gutes hervorgegangen?
Ein paar Beispiele: Die gescheiterte Gehaltsverhandlung regte Sie an, Ihre Leistung beim nächsten Mal besser vorbereitet darzustellen. Auf der vermurksten Party blieb ein Gast länger, um Sie zu trösten – er ist heute einer Ihrer engsten Freunde. Das gescheiterte Studium hat Sie vielleicht zu Ihrer wahren beruflichen Leidenschaft geführt. Eine Erkrankung stellte sich rückblickend als wichtige Zeit der Besinnung heraus …

Überlegen Sie: Was ist aus Ihren Niederlagen Gutes gewachsen?

TIPPS FÜR MEHR HANDLUNGS-FÄHIGKEIT

1

Übernehmen Sie mit Aufgaben auch Handlungsspielräume

Checken Sie bei jeder Aufgabe Ihre Handlungsfreiheiten. Das gilt privat genauso wie im Beruf. Wer sich um die Urlaubsplanung kümmert, darf ab einem gewissen Punkt auch entscheiden, welches Hotel es nun wird. Wer die Team-Präsentation erstellt, sollte auch selbst entscheiden dürfen, welche Medien er dafür nutzt.

2

Seien Sie Giraffe statt Bienchen

Wer sich in jede Aufgabe stürzt und einfach bienchenfleißig loslegt, wird sich oft im Stress verheddern. Oft stellt man hinterher fest: Dieses und jenes hätte ich besser weggelassen. Sinnvoller ist: Verschaffen Sie sich erst einmal wie eine Giraffe den Überblick: Was ist im vorgegeben Rahmen ein realistisches Ziel? Was ist die Pflicht? Was wäre die Kür? Wenn es eng wird, konzentrieren Sie Ihr Handeln auf die Pflicht.

3

Sprechen Sie Probleme an

Aus Gedanken werden schnell Grübeleien, wenn wir ganz allein mit unseren Überlegungen bleiben. Man verliert sich häufig in Schuldzuweisungen und »wenn, dann«-Gedanken. Oft hilft es, mit einer Person, der man vertraut, darüber zu sprechen, was einen stresst. Aber hüten Sie sich vor Menschen, die Ihre Not abtun mit »Ach, sieh es mal locker!«. Sie brauchen jemanden, der einfach zuhört. Meistens fällt Ihnen dann selbst eine Lösung ein.

4

Bewegung macht den Kopf frei

Wenn Sie innerlich feststecken, laufen Sie ein paar Schritte um den Block oder machen Sie einen ausgiebigen Spaziergang in der Natur. Das löst Ihre Gedanken und macht Ihren Kopf wieder frei!

5

Erinnern Sie sich an frühere Trouble-Shootings

Wie haben Sie die letzte schwierige Situation in Ihrem Leben gelöst? Was hat damals gut geklappt und könnte auch jetzt hilfreich sein?

6

Gehen Sie in kleinen Schritten voran

Oft wollen wir ein Problem mit einem Schlag lösen. Das blockiert, weil einem diese effektive Handlungsmöglichkeit nicht einfällt. Gehen Sie lieber in kleinen Schritten voran. Verschaffen Sie sich zuerst Klarheit über die konkreten Probleme. Zeichnen Sie eine übersichtliche Skizze dazu. Ins Handeln kommen baut Stress ab, weil die Ohnmacht verfliegt. Dann öffnet sich der Geist für den nächsten Schritt.

Es gibt Wichtigeres
im Leben,
als beständig
dessen Geschwindigkeit
zu erhöhen.

Mahatma Gandhi

TÜRÖFFNER FÜR MEHR GELASSENHEIT

Vielleicht regt sich in Ihnen jetzt der Widerstand, weil Sie denken: Na, wenn es so einfach wäre, würde ich das ja tun: Gucken, Denken, sinnvoll handeln. Aber ganz ehrlich: Da ist doch immer Druck. Man muss loslegen, sonst naht die Katastrophe! Und genau das macht es doch so stressig.

Ja und nein. Wenn Sie beispielsweise an die eine oder andere Situation zurückdenken, die Ihnen den Schweiß auf die Stirn trieb, fällt Ihnen garantiert auf, dass die flotte Aktion nicht immer die sinnvollste Lösung für das Problem war. Häufig sieht man mit etwas Abstand: Ach ja. In der Situation im Job hätte ich auch mal einfach abwarten können. Das klang am Anfang so dringlich und dann wurde alles noch mal verschoben, weil der Kollege Schmidt in Urlaub gegangen ist. Wofür habe ich mich da eigentlich abgehetzt?
Oder der tolle Geburtstag für die Tochter. Da stand man bis mitten in der Nacht am Backofen, um die Partygäste mit selbstgemachtem Kuchen zu versorgen und am nächsten Tag sagt das Kind: »Mama, können wir die Muffins vom Bäcker um die Ecke kaufen? Die sind so lecker! Und zum Abendessen wünsche ich mir Pizza vom Lieferservice. Das ist cool.«

Nur, wer einen kühlen Kopf bewahrt, kann im Stress besonnen handeln.

Wie viel einfacher wäre es doch gewesen, wenn man gleich zu Beginn gelassener geblieben wäre. Wenn man, statt sich gleich abzuhetzen, erst einmal die Situation wahrgenommen hätte. In Sachen Party hätte man vielleicht schon früh gemerkt, dass das Kind gerade alles cool findet, was gekauft und geliefert wird. Und in Bezug auf das Projekt? Kann gut sein, dass einem sofort aufgefallen wäre, dass in dieser Abteilung immer zuerst Druck gemacht wird und am Ende alles doch wieder verschoben werden muss, weil die Ressourcen überhaupt nicht gut geplant waren.

ANGEMESSENE GELASSENHEIT FINDEN

Vielleicht haben Sie die Beispiele überzeugt. Und dennoch bleibt vermutlich die Frage: Wie kommt man nun zu dieser Art von angemessener Gelassenheit? In der konkreten Situation selbst fühlt sich doch alles immer wirklich so dringlich an. Man hat das Gefühl, es gilt zu handeln. Jetzt! Sofort! Genau das ist die Falle.

Die entspannte Gelassenheit gelingt nur denjenigen, die es schaffen, eine Situation erst einmal ganz wertfrei, ohne Hektik und schlicht zu betrachten, sie dann kurz zu analysieren – und erst dann zu überlegen, welches Handeln angemessen ist.

In der Lücke zwischen Reiz und Reaktion findet man Freiheit!

Diese kurze Lücke der Orientierung verschafft einem Klarheit über die Frage: Habe ich hier wirklich eine Aufgabe vor mir, die sofort anzupacken ist, mit aller Kraft und ohne viel weiteres Nachdenken? Eine Option könnte dann auch sein, gar nicht zu handeln. Weil man merkt, dass da zwar Dringlichkeit signalisiert wird, aber man es selbst anders sieht. Jeder kennt zum Beispiel den Kollegen, der einem kurz vor 18 Uhr noch eine Mail schreibt und erklärt, dass Kunde XY sich beschwert hätte und man da jetzt bitte sofort noch anrufen sollte. Und man selbst spürt aber, dass ein Konfliktgespräch in den letzten Minuten des Tages keine gute Option ist.

Es kann auch sein, dass man merkt, dass die Aufgabe zwar zu einem herübergereicht wurde, aber eigentlich zu jemand anderem gehört. Oder dass man die Sache gar nicht sofort und allein gut lösen kann, sondern noch jemand um Rat oder Unterstützung fragen möchte. Oder, oder. Die Stressjongleure haben sozusagen die Fähigkeit, die kleine Lücke zwischen dem Wahrnehmen einer Anforderung und der Reaktion auf diese Situation für sich zu nutzen. Auf den nächsten Seiten sehen Sie, wie es Ihnen gelingt, dies zu durchbrechen.

ACHTSAMKEIT FÜR JEDEN GEIST

Übungen

Übungen zur Achtsamkeit helfen uns, die Lücke zwischen unserer Wahrnehmung und unserer Reaktion zu vergrößern. Damit verschaffen wir uns die Freiheit, nicht immer im gleichen Muster auf Anforderungen zu reagieren, sondern auch mal anders zu handeln. Dann kann es sein, dass wir beim nächsten Mal auf die Frage vom Chef »Könnten Sie bitte mal kurz?« erst eine Minute Achtsamkeit vor unsere Antwort schieben – und zu dem Schluss gelangen: »Nein, in der nächsten Stunde kann ich eigentlich nicht. Auch nicht kurz.« Und dann sagen wir das freundlich. Probieren Sie es aus!

DIE EINE-MINUTE-ATEM-MEDITATION

Stellen Sie eine Eieruhr oder den Timer im Handy auf eine Minute.
Nehmen Sie im Sitzen eine entspannte, aufrechte Körperhaltung ein. Spüren Sie Ihren Körper bewusst. Lassen Sie die Schultern locker nach unten sinken. Neigen Sie das Kinn ganz leicht in Richtung Brust. Die Zunge liegt hinter den Schneidezähnen am Gaumen. Sie können die Augen schließen oder auf einem Punkt vor Ihnen ruhen lassen. Die Hände liegen locker auf Ihren Knien, die Handflächen leicht nach oben gedreht. Nehmen Sie wahr, wie Ihr Gesäß den Untergrund berührt, auf dem Sie sitzen.
Starten Sie nun die Eieruhr oder den Timer.
Richten Sie Ihre Aufmerksamkeit auf Ihren Atem. Beobachten Sie Ihren Atem, wie er in Sie hinein- und wieder hinausströmt. Die kleine Pause dazwischen. Sie müssen nicht besonders tief atmen. Einfach ein- und ausatmen.
Vermutlich driften Ihre Gedanken sehr

schnell ab. Nehmen Sie das zur Kenntnis – und lenken Sie Ihre Aufmerksamkeit erneut auf Ihren Atem.
Klingelt die Uhr, legen Sie Ihre Hände vor der Brust kurz aufeinander und atmen Sie noch einmal konzentriert ein und aus. Schließen Sie die Übung bewusst ab.
Die Atemmeditation ist immer und überall zu machen. Wer möchte, verlängert sie auf zwei oder mehr Minuten.

AUFMERKSAMKEIT LENKEN

Diese Übung hilft Ihnen, innerlich ein Stück auf Distanz zu gehen, wenn Sie in Stressgefühlen feststecken:

Stellen Sie sich eine schwierige Situation, einen Konflikt oder eine Aufgabe vor, die Sie stresst.
Beschreiben Sie das Problem so detailliert wie möglich. Was nervt Sie da genau? Spüren Sie nun in sich nach: Wie fühlen Sie sich? Vermutlich sind Sie aufgewühlt. Jetzt lenken Sie Ihre Aufmerksamkeit bitte auf einen Gegenstand, der sich gerade vor Ihren Augen befindet. Ein Kugelschreiber. Ein Kissen auf dem Sofa. Ein Glas Wasser. Und nun beschreiben Sie bitte diesen Alltagsgegenstand genauso detailliert wie vorher Ihr Problem. Was sehen Sie? Wie fühlt er sich an? Wie schwer ist er? Wie verändert er sich, wenn Sie ihn in der Hand bewegen?
Wenn Sie diesen Teil der Übung beendet haben, spüren Sie auch jetzt wieder in sich nach. Wie empfinden Sie? Vermutlich fühlen Sie sich eher ruhig, vielleicht sind Sie sogar belustigt oder erstaunt über das, was man alles wahrnimmt, wenn man eine Kaffeetasse oder einen Stift einmal genau anschaut. Und das Problem von eben? Ist vermutlich aus Ihrem Kopf verschwunden.

Diese Übung zeigt: Sie können Ihre Aufmerksamkeit lenken. Sie bestimmen, mit welchen Grübeleien und Gefühlen Sie sich beschäftigen. Und das heißt: Sie können aktiv aus jeder Gedankenspirale und aus jeder Stresssituation aussteigen, indem Sie Ihren Fokus auf etwas lenken, das Sie entspannt.

Drittes Kapitel

Geben Sie ruhig alles – aber im richtigen Moment: Wie Sie Ihre inneren Antreiber geschickt zähmen

In diesem Kapitel erfahren Sie:

Warum jeder Mensch in ganz bestimmten Situationen Vollgas gibt

Wie gerade diese Fähigkeit zum ewigen Antreiber werden kann

Wie Sie Ihre Antreiber so zähmen können, dass sie Ihnen nutzen, statt Sie zu stressen

Warum es wichtig ist, seinen ganz eigenen Weg zu gehen, wenn man das stressige Leben hinter sich lassen möchte

ERKENNEN SIE IHRE STRESS-SCHALTER

Jeder Mensch hat besonders empfindliche Stressschalter. Wenn diese angeknipst werden, laufen wir los. Ähnlich einem Duracell-Männchen, das man anschaltet und das erst rennt und rennt und irgendwann nur noch langsam weiterwackelt, bis die Batterie leer ist.

Manche Menschen springen beispielsweise sofort an, wenn es heißt: »Das hier ist wirklich dringlich. Wer kann das übernehmen?« Andere fühlen sich wie magisch angezogen, wenn es darum geht, Verantwortung zu übernehmen. Der nächste ist bekannt dafür, dass er, je kniffliger das Problem ist, umso mehr zu Höchstleistung aufläuft.
Häufig sehen Außenstehende ziemlich deutlich, wie wir ticken, und wissen genau, mit welchen Argumenten oder Verlockungen sie uns motivieren und unser Leistungs-Ich anfeuern können. Unsere Chefs lieben diese Seite von uns, unsere Familie baut an diesen Stellen auf uns.

JEDER MENSCH TICKT ANDERS

Da ist zum Beispiel der Mann, den sein Chef am liebsten in jedem Projekt als Teamleiter einsetzen würde, weil er es einfach schafft, alle Mitarbeiter gleichermaßen wertschätzend anzusprechen. Bei ihm fühlen sich alle wohl – und die Projekte laufen einfach super.
Oder da ist die Frau, in deren Hände die Chefin auch große Budgets übergibt, ohne mit der Wimper zu zucken. Die

Vorgesetzte weiß: Da geht nichts schief! Diese Mitarbeiterin ist sich ihrer Verantwortung voll bewusst und tut alles dafür, um diesem Vertrauen auch gerecht zu werden.

Interessanterweise geben die Deutschen in Umfragen immer wieder an, dass neben dem Job und den vielen Aufgaben rund um die Familie der »innere Anspruch an sich selbst« ihr größter Stresstreiber ist. Es lohnt sich also, sich selbst auf die Schliche zu kommen, wenn man möchte, dass mehr Gelassenheit ins Leben gelangt.

WIE TICKEN SIE?

Die Beispiele zeigen: Unsere ausgeprägten Fähigkeiten sind große Stärken. Doch häufig werden sie zu einer Art Hauptprogramm im Leben. Der Starke ist immer stark und spürt sich selbst mit seinen Bedürfnissen kaum noch. Die Verantwortungsbewusste kann sich nicht mehr retten vor lauter anspruchsvollen Aufgaben. Die Schnelle hetzt 24 Stunden am Tag. Und der etwas strenge Typus verausgabt sich in seinem Hang zur Perfektion. Bei Menschen mit Stressproblemen führen ihre Stärken in gewisser Weise ein Eigenleben. Sie können kaum noch bewusst entscheiden, wo sie ihre Fähigkeiten gezielt einsetzen und wann sie sich auch mal bewusst zurücknehmen. Sobald eine Aufgabe an ihnen vorbeiflattert, die diese Stärke abruft, springen sie auf. Und das führt fast unweigerlich zu Überlastung.

Psychologen nennen diese inneren Muster deshalb auch »innere Antreiber«. Häufig zeigen sie sich in Überzeugungen, die wir in uns tragen und an die wir fest glauben. Das kann zum Beispiel die Überzeugung sein: »Du musst stark sein, sonst geht alles schief!« oder auch die Überzeugung: »Du musst dich beeilen, sonst wird es zu spät sein!«.

Weil sich diese inneren Überzeugungen bereits in unserer Kindheit entwickelten, fühlen sie sich an, als gehörten sie zu unserem Charakter. *Wenn Sie Ihre inneren Antreiber kennen, können Sie jedoch ab jetzt bewusst entscheiden, ob Sie diesem Aufruf folgen möchten oder eben nicht. Das entstresst.*

Wer sich mit freundlichem Blick selbst erkundet, betritt den Pfad zur Gelassenheit.

MEINE INNEREN ANTREIBER

Übung

Um Klarheit darüber zu bekommen, welche Situationen Sie besonders schnell in den Stress locken, ist es wichtig, dass Sie Ihre persönlichen inneren Antreiber überhaupt kennen.
Welche Gedanken und Situationen treffen auf Sie am ehesten zu?

DIE GENAUEN

Meine Aufgaben erledige ich gründlich.
Ich liebe klar strukturierte Informationen.

Ihr Vorteil: Sie sind gut organisiert und Ihre Genauigkeit ist ein Segen für viele Abläufe.
Ihr Stresspotenzial: Ihre Angst vor Fehlern kann stressig werden. Vor allem wenn Sie keine klaren Prioritäten setzen.
Anregung für Ihre Entwicklung: Prüfen Sie häufiger, ob Sie Ihr Talent zur Perfektion an dieser Stelle wirklich einbringen möchten. Sorgen Sie dafür, dass Sie für die Aufgaben, die Sie präzise bearbeiten, auch genug Raum und Zeit haben.

DIE TEAMPLAYER

Ich mag es gerne, wenn sich alle in der Runde wohlfühlen.
Ich finde es kränkend, wenn man für seine Arbeit nicht mal ein Dankeschön bekommt.

Ihr Vorteil: Sie sorgen dafür, dass sich alle wohl und verstanden fühlen – die Basis für gute Teamarbeit.
Ihr Stresspotenzial: Es kann passieren, dass Sie zu viele Aufgaben für andere übernehmen.
Anregung für Ihre Entwicklung: Gerade weil Sie ein freundlicher und kollegialer Mensch sind, sollten Sie es sich erlauben, öfter nett zu sich selbst zu sein. Auch wenn das heißt, dass Sie eine zusätzliche Aufgabe ablehnen.

DIE SCHNELLEN

Wenn jemand rumtrödelt, werde ich schnell ungeduldig.
Wenn eine Aufgabe auf meinem Tisch

liegt, packe ich sie gleich an. Wozu warten?
Ich neige dazu, andere beim Reden zu unterbrechen.

Ihr Vorteil: Sie mögen es, wenn die Dinge flott vonstattengehen. Sie schaffen in kurzer Zeit auch viel weg!
Ihr Stresspotenzial: Ihr Faible für Tempo und Neues kann auch in Hektik umschlagen. Diese Gefahr wächst leider mit dem Stresspegel.
Anregung für Ihre Entwicklung: Machen Sie bewusst Pausen, bauen Sie Momente des Innehaltens in Ihren Tag ein, damit Sie nicht mit sich selbst um die Wette rennen.

DIE KRAFTVOLLEN

Gefühle? Die haben im Kontext Arbeit nichts verloren.
Es gibt Fehler, die können passieren. Aber dumme Fehler regen mich wirklich auf.
Manchmal gefällt mir eine Aufgabe natürlich nicht. Aber Arbeit ist ja kein Wunschkonzert.

Ihr Vorteil: Sie bleiben auch ruhig, wenn es schwierig wird.
Ihr Stresspotenzial: Manchmal fliegt Ihnen wie von Geisterhand ständig neue Verantwortung zu. Wie es Ihnen dabei geht, fragt keiner.
Anregung für Ihre Entwicklung: Gefühle zu zeigen, ist für Sie eher eine Schwäche. Aber Sie könnten sich selbst gegenüber ein wenig ehrlicher werden. Wo macht sich Unlust breit? Nehmen Sie diese Impulse ernster.

DIE VERLÄSSLICHEN

Viele Kollegen unterschätzen die Schwierigkeiten, die eine Aufgabe mit sich bringt. Ich denke für sie mit.
Meine Erfolge haben viel damit zu tun, dass ich immer alles gebe.
Wenn andere um 16 Uhr den Stift fallen lassen, kann ich das nicht verstehen.

Ihr Vorteil: Sie finden eine Lösung für die meisten Probleme, weil Sie es voller Interesse und Kreativität anpacken.
Ihr Stresspotenzial: Weil Sie wissen, wie es gut laufen könnte, lassen Sie fast nie los. Bis zur Verbissenheit.
Anregung für Ihre Entwicklung: Wie wäre es, wenn Sie in Zukunft *smart* statt *hart* arbeiten? Delegieren Sie mehr. Das Ergebnis wird immer noch gut sein – und Sie weniger gestresst.

MEINEM STRESSMOTOR AUF DER SPUR

Unsere persönlichen Antreiber haben ihren Ursprung bereits in unserer Kindheit. Gerade als Kinder sind wir sehr bemüht, zu erkunden, wie die Welt funktioniert. Die Beziehung zu unseren Eltern ist dafür unser Übungsfeld. In dieser Beziehung lernen wir, ob wir unsere Ziele erreichen, wenn wir besonders schnell reagieren, uns stets perfekt verhalten oder indem wir eine Stärke entwickeln, die Gefühle außen vorlässt.

Welche typischen Situationen bringen Sie in Stress?

Welcher Antreiber wirkt hier besonders stark? Haben Sie einen besonderen Satz, der diesen beschreibt oder den Sie innerlich hören?

Wenn Sie Ihrem Antreiber einen Erlaubnissatz gegenüberstellen, der den Antreibersatz relativiert, schwächen Sie seine Macht ein Stück – und geben sich damit selbst neue Handlungsmöglichkeiten. Dieser Erlaubnissatz gibt Ihnen die Freiheit, auch einmal anders zu agieren, als Sie es automatisch tun. Falls Sie beispielsweise eine Person sind, die immer denkt: »Perfekt ist mein Maßstab!«, heißt Ihr Antreibersatz vielleicht: »Wenn es eilig ist, dann mache ich eben schnell. Ich kann es ja!« Dann könnte Ihr Erlaubnissatz heißen: »Ich kann gut schnell! Aber ich möchte auch meine Kräfte nicht verschleudern. Deshalb prüfe ich, ob es für mich in dieser Situation Sinn macht, Gas zu geben.«

Was könnte eine sinnvolle Erlaubnis-Ergänzung für Ihren Antreibersatz sein?

Suchen Sie sich eine schöne Postkarte. Vielleicht sogar eine, die etwas zeigt, was Sie als stärkend empfinden. Das kann ein Regenbogen als Symbol für mehr Vielfalt in Ihrem Leben sein oder auch ein Bär als Symbol für ein Tier, das auch mal ruht und nicht immer hektisch herumrennt. Schreiben Sie nun Ihren neuen Erlaubnissatz auf die Rückseite der Postkarte oder schlicht auf einen bunten Zettel und stellen Sie ihn gut sichtbar auf. Sie werden merken, allein die Tatsache, dass Sie die zweite Seite der Medaille in Ihr Leben lassen, reduziert so manchen Stress.

SO WAR ES BISHER – SO KÖNNTE ES IN ZUKUNFT SEIN:

★ *Erinnern Sie sich an eine typische Begebenheit, die Sie häufig in Stress bringt:*

★ *Denken Sie nun an Ihren Erlaubnissatz und malen Sie sich aus, wie die Situation aussehen würde, wenn Sie diesen Satz anwenden, statt wie gewohnt Ihrem inneren Antreiber zu folgen!*

★ *Was könnten Sie verlieren, wenn Sie Ihrem inneren Antreiber seltener blind folgen?*

★ *Was gewinnen Sie, wenn Sie häufiger Ihren Erlaubnissatz zum Zuge kommen lassen?*

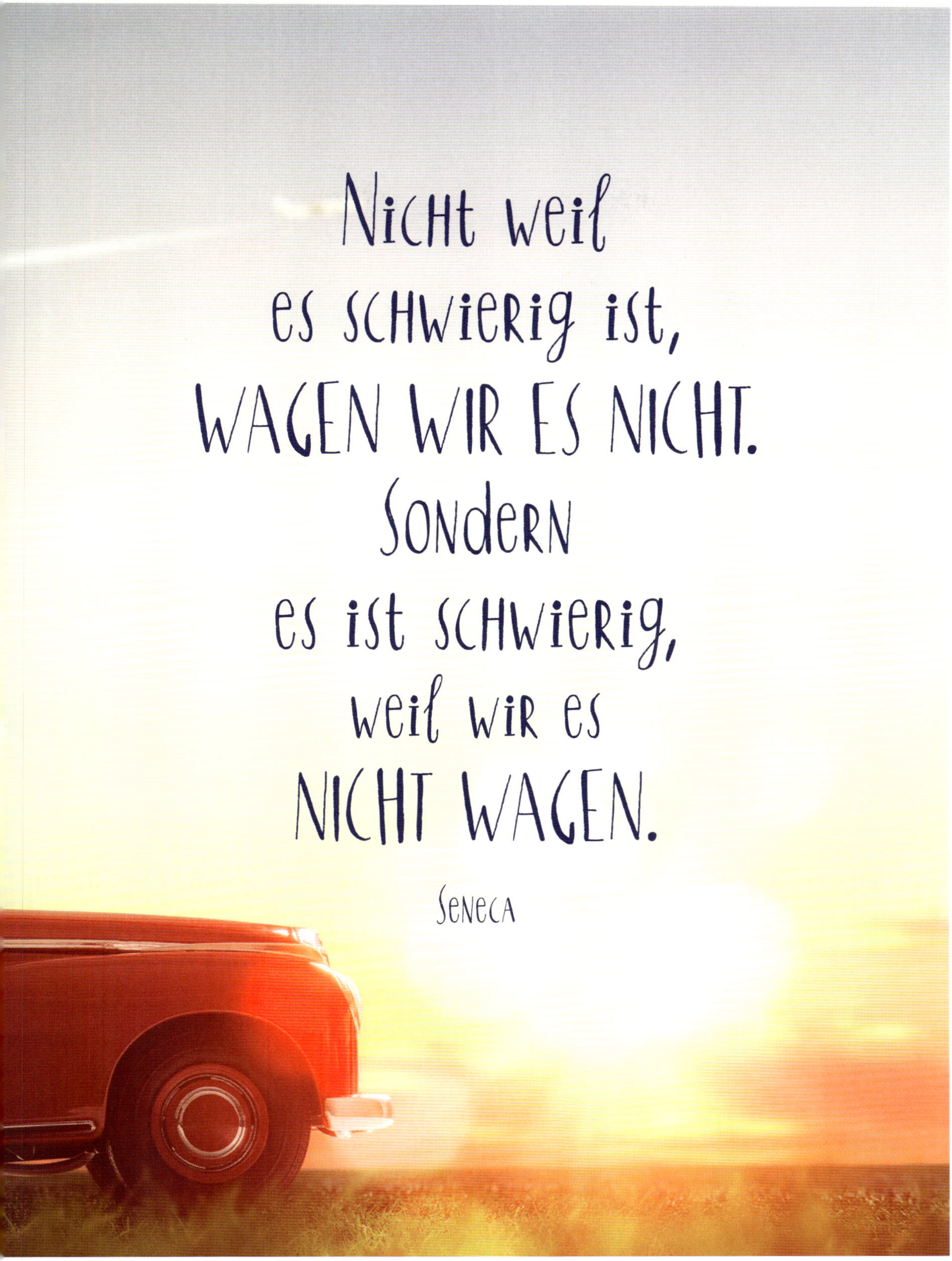

Nicht weil
es schwierig ist,
WAGEN WIR ES NICHT.
Sondern
es ist schwierig,
weil wir es
NICHT WAGEN.

Seneca

SO ZÄHMEN SIE IHREN INNEREN ANTREIBER

1

Seien Sie freundlich zu sich selbst

Wenn Sie es wieder allen recht machen möchten oder hektisch werden, weil jemand raunt »es eilt«, halten Sie inne. Vielleicht können Sie sogar mit einem Lächeln feststellen: »Ah, da bist du ja wieder, mein Tempomacher! Ich gucke mal, ob ich dir gerade folgen möchte oder nicht.« Schon dieser kleine, innere Abstand gibt Ihnen Freiraum.

2

Starten Sie mit einfachen Situationen

Wer sich jetzt vornimmt, beim nächsten Megastress zu versuchen, seinen inneren Antreiber zu zähmen, tut sich keinen Gefallen. Fangen Sie mit Situationen mit weniger Stresspotenzial an. Zum Beispiel, wenn die Kinder am Wochenende drängeln, dass es flotter ins Schwimmbad gehen soll. Oder wenn Ihr Partner eine Aufgabe zu viel an Sie delegiert. Luftholen, Antreiber checken und sich die Erlaubnis zur Gelassenheit geben.

3

Behandeln Sie Aufgaben wie Post

Betrachten Sie jede Aufgabe, die an Sie herangetragen wird, als brächte der Paketbote ein Paket. Checken Sie als allererstes: Bin ich überhaupt der Adressat?

4

Was nutzt Ihnen Ihr Antreibersatz?

Fragen Sie sich nach dem Sinn Ihrer Antreiber. Ist es die Panik vor Fehlern? Die Angst, etwas zu versäumen? Durch diese Analyse gewinnen Sie etwas Abstand und können bewusst entscheiden, ob der Preis des Lebens im Dauerstress den Nutzen wert ist. Und Sie lernen Ihre starken Fähigkeiten erst richtig schätzen, wenn Sie sie nicht mehr blind verschleudern, sondern nur noch effizient einsetzen.

5

Bringen Sie Ihre Antreiber auf Abstand

Halten Sie in gestressten Momenten öfter mal inne und fragen Sie sich: Wie alt ist dieser Satz eigentlich? Passt der überhaupt noch zu mir? Möchte ich mich wirklich immer weiter davon drangsalieren lassen? Wer sich selbst die Erlaubnis gibt, frei zu entscheiden, statt immer blind seinen Antreibern zu folgen, wird schnell merken, wie mehr Leichtigkeit im Alltag einkehrt.

6

Suchen Sie sich ein Symbol für Ihren neuen Erlaubnissatz

Eine optische Erinnerung kann große Kraft haben. Sie können Ihren Erlaubnissatz aufschreiben und an Ihren PC heften. Sie können sich auch ein Symbol suchen, das Ihnen Mut für mehr Gelassenheit macht. Beispielsweise ein schöner Stein oder ein Bild von einem Tier, das für Sie Mut und Gelassenheit symbolisiert.

WER DEN ANTREIBER ZÄHMT, GEWINNT FREIHEIT

In meinen Seminaren löst die Reflexion zu den persönlichen Antreibern immer eine große Diskussion aus. Schließlich haben wir viel von dem, was wir im Leben erreicht haben, mit der Kraft unserer Antreiber geschafft. Viele berufstätige Frauen schaffen ihr Pensum beispielsweise auch deshalb, weil sie so flott sind und ihr Antreiber »Beeil dich« ganz hervorragend für Tempo sorgt. Viele Teamleiter sind Menschen mit einer großen Fähigkeit, sich anzustrengen und sind zugleich mit viel Interesse am guten Miteinander (»Mach es alles recht«) ausgestattet. Das macht häufig ihre große Beliebtheit bei den Mitarbeitern aus.
Im Austausch mit den anderen merken sie jedoch: Meine Antreiber sind toll – wenn ich es schaffe, mich nicht zu ihrem Sklaven zu machen. Wenn es mir gelingt, sie dann einzusetzen, wenn ich wirklich etwas erreichen möchte. Aber eben nicht ständig und immer.

Damit Sie dies umsetzen können, hilft es, sich innerlich die Erlaubnis und Freiheit zu geben, nicht immer wie gewohnt zu agieren, sondern auch mal anders.

Finden Sie
Ihre persönliche Balance!

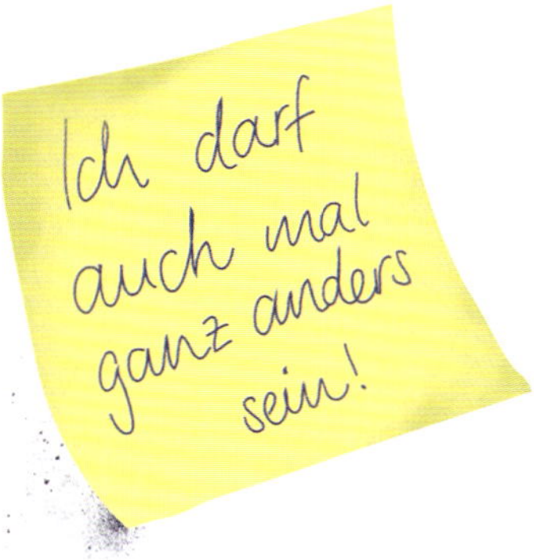

EINE »VERLÄSSLICHE« ERZÄHLT:

»Früher habe ich mich gestresst, weil ich den Kuchen für das Kitafest unbedingt selbst backen wollte. Dann habe ich nachgedacht, was es für mich eigentlich genau bedeutet, eine gute Mutter zu sein. Und wenn ich ehrlich bin: Ich möchte mit meinem Kind lachen und schöne Dinge mit ihm unternehmen. Backen kam bei meiner kleinen Tagträumerei da gar nicht vor. Seitdem kaufe ich den Kuchen – und habe festgestellt, dass es sogar richtig nett ist, gemeinsam mit meinem Kind beim Bäcker Kuchen auszuwählen.«

EIN »KRAFTVOLLER« SAGT:

»Lange Jahre habe ich nur wie eine Maschine funktioniert. Immer am Tun. Doch mich hat mein Leben gelehrt: Beim Arbeiten ist das ähnlich wie beim Autofahren. Wer nur aufs Gas tritt, fährt gegen die Wand. Man muss den Wechsel zwischen Gasgeben und runter vom Gas beherrschen.«

EINE PERFEKTIONISTIN HAT GELERNT:

»Natürlich schläft man mit Kindern öfter mal schlecht. Sie kommen nachts oder geben abends keine Ruhe. Früher hatte ich dann immer das Gefühl, ich bräuchte mittags zwei Stunden Schlaf – dann wäre mein Tag wieder in Ordnung. Und weil das ein unmöglicher Wunsch ist, habe ich mich gar nicht ausgeruht. Nach dem Motto: Nur zehn Minuten? Da brauche ich gar nicht erst anfangen. Dass macht sowieso keinen Sinn. Diese Wurschtigkeit habe ich jetzt überwunden. Ich lege mich auch die zehn Minuten hin und mache mal kurz die Augen zu. Ich habe mir ganz bewusst solche kleinen Inseln und Rituale der Ruhe im Tag geschaffen. Und ich merke: Ich bin abends nicht mehr so erschöpft, und meine Laune ist viel besser.«

Einige Teilnehmer formulierten gegenüber ihren Antreibersätzen folgende Erlaubnissätze, die sie als entlastende Ergänzung zu ihrer bisherigen Haltung empfanden:

Mach es allen recht!
»⟶ Ich will es auch mir selbst recht machen. Das kann auch mal heißen: meine Kanten zeigen.

Sei perfekt!
»⟶ Manchmal ist perfekt gar nicht unbedingt gut im Sinne des Ziels. Zum Beispiel, wenn Tempo oberste Priorität ist.

Beeil dich!
»⟶ Ich weiß, dass ich schnell sein kann. Aber manchmal liegt die Kraft auch in der Ruhe.

Streng dich an!
»⟶ Ich lasse mich nicht von den Aufgaben auffressen.

Sei stark!
»⟶ Sich Unterstützung zu holen, kann sogar eine Stärke sein und bindet andere ein. Wer Schwäche zeigt, wird auch nahbarer.

LASSEN SIE SICH NICHT BEIRREN!

Vermutlich beschäftigen auch Sie sich nicht das erste Mal mit der Frage: Wie kann ich den Stress in meinem Leben reduzieren. Stress ist seit Jahren Top-Thema Nummer eins in Magazinen und bei den Silvesterwünschen. Trotzdem ändert sich eigentlich nicht viel. Das hat verschiedene Gründe. Wer sie kennt, kann sich davon bewusst unabhängig machen – und am Ende wirklich etwas verändern.

KEINER KOMMT GEGEN DEN STRESS AN?

Bereits vor Jahrzehnten machte der Psychologe Solomon Asch (1907–1996) ein interessantes Experiment: Er legte Probanden ein Blatt Papier vor, auf dem eine Linie gezeichnet war. Daneben legte Asch ein Blatt, auf dem drei Linien zu sehen waren – eine davon war exakt so lang wie die auf dem ersten Blatt. Die Probanden sollten die gleich langen Geraden benennen – und konnten das erwartungsgemäß zu hundert Prozent. In einem zweiten Durchlauf hatte Asch zu den echten Probanden Personen gesetzt, die sich als Versuchsteilnehmer vorstellten, aber in Wirklichkeit Aschs Mitarbeiter waren. Sie hatten die Aufgabe, zu behaupten, eine andere als die richtige Gerade sei gleich lang wie die Vergleichsgerade. Und siehe da: In einem Drittel der Tests kamen die echten Probanden so ins Wanken, dass sie sich der falschen Mehrheitsmeinung anschlossen. Die Nachfrage ergab: Sie waren nun überzeugt, dass die falsche wirklich die richtige Linie sei.

Genauso geht es uns ständig: Wenn viele Menschen in unserem Umfeld etwas in einer bestimmten Weise tun, empfinden wir dies als normal und schließen uns mit einiger Wahrscheinlichkeit in unserem Verhalten an. Auch wenn wir das gar nicht hundertprozentig richtig finden. Deshalb fällt es uns so schwer, uns eine stabile Meinung zur Flüchtlingswelle zu bilden. Deshalb kaufen wir weiter billige, unfair hergestellte Kleidung, statt faire Shirts und Hosen. Und deshalb schließen wir uns fast kritiklos dem allgemeinen Gehetze an.

Was tun?

Das Asch-Experiment zeigt, wie beeinflussbar wir sind. Deshalb gilt: Bilden Sie sich eine eigene Meinung. Pflegen Sie Ihren Eigensinn. Was brauchen Sie für Ihre Balance? Meist legt sich die Irritation auf Seiten der anderen ziemlich schnell, wenn Sie klar bleiben. Und Ihre Familie akzeptiert, dass Sie jetzt Samstagsmorgens alleine spazieren oder zum Sport gehen, statt den Familieneinkauf zu wuppen.

»Jeden Abend nehme ich mir vor: Morgen hetze ich mich nicht so. Aber am nächsten Tag ist der Stresspegel doch wieder genauso hoch. Das Verrückteste: In dem Moment finde ich das ganz normal. Erst abends denke ich wieder: Warum bin ich so gerannt?«

Die Macht der Gewohnheiten macht es uns verflucht schwer, wenn wir uns neue Verhaltensweisen angewöhnen möchten. Hirnforscher vergleichen die gewohnten Verschaltungen im Gehirn gerne mit Autobahnen. Wenn wir es also gewohnt sind, durch den Tag zu rennen, bewegen wir uns auf der Autobahn unseres Gehirns. Wollen wir etwas anders machen als gewohnt, zum Beispiel nach einer Tätigkeit eine Pause einlegen oder vor dem Meeting checken, ob wir dort überhaupt gebraucht werden, betreten wir dagegen Trampelpfade. Wir brauchen dafür viel mehr Willenskraft, um ihnen zu folgen.

Erschwerend kommt hinzu: Unter Stress schaltet unser Gehirn automatisch auf »Autobahn« und gewohntes Handeln. Die Hirnareale, die für neue Lösungen und Abwägen der Möglichkeiten zuständig sind, sind unter Stress gehemmt.

Was tun?

Machen Sie sich bewusst, dass Sie ziemlich viel innere Kraft und Willensstärke brauchen, wenn Sie etwas verändern möchten. Bereiten Sie sich deshalb Ihren Weg gut vor. Sagen Sie jetzt nicht zu sich: »Ich mache jetzt sofort alles anders!« Nehmen Sie sich lieber eine kleine Veränderung nach der anderen vor.

Geben Sie sich Zeit, dass aus dem Trampelpfad der Gelassenheit Ihre persönliche Autobahn wird.

Viertes Kapitel

Dauerhaft gelassen: Gut mit fordernden Situationen umgehen und leichter leben

In diesem Kapitel erfahren Sie:

Was Menschen auszeichnet,
die schwierige Situation meistern

Welches die sieben Säulen
der psychischen Widerstandskraft sind

Wie hoch Ihr persönlicher
Resilienzlevel derzeit ist

Wie Sie Ihre Stärke im Umgang
mit fordernden Situationen
weiter ausbauen

AUCH SIE KÖNNEN ZUM STRESS-JONGLEUR WERDEN

Was macht Menschen aus, die sich auch in Lebenskrisen nicht unterkriegen lassen? Fast jeder von uns kennt solche Personen. Die Nachbarin, die gut wegzustecken scheint, dass ihr ältester Sohn gerade das Auto der Familie kaputtgefahren hat. Der Onkel, der eine Krebserkrankung überwand und dabei auch in den unsicheren Zeiten erstaunlich gelassen blieb. Die Kollegin, deren Projekt mitten im Verlauf gecancelt wurde, und die dennoch mit guter Laune und Elan im Büro erscheint.

STARK IM STRESS

Manche Menschen scheinen wie mit einem Schutzschild ausgestattet zu sein. Sie begegnen den Anforderungen des Lebens mit großer Kraft und lassen sich nicht beirren. Und sogar, wenn sie scheitern, scheint sie das nicht nachhaltig umzuwerfen. Häufig werden diese Menschen als Stehaufmännchen bezeichnet. Und man fragt sich: Wie machen die das? Was machen die anders als ich?
Diese Frage stellten sich auch schon Psychologen und Soziologen in den 1970er Jahren. Die Psychologin Emmy Werner (*1929) startete eine Pionierarbeit, als sie fast 700 Kinder von der hawaiianischen Insel Kauai ab ihrer Geburt ins Leben begleitete. Sie stellte fest, dass die meisten Kinder, die unter guten Umständen aufwuchsen, also nicht unter Armut, Gewalt in der Familie und Vernachlässigung zu leiden hatten, sich besser entwickelten als ihre Altersgenossen, die unter schwierigen Bedingungen aufwuchsen.

Resilienz macht Sie zum Stehaufmännchen

Resilienz wirkt wie ein Schutzschild gegen Stress.

Doch auch unter den Kindern, die einen schwierigen Start ins Leben hatten, entwickelte sich ein Drittel gut und wuchs zu Menschen heran, die einen Job fanden, in der Lage waren, eine feste Beziehung zu führen, eine sichere Position in der Gesellschaft einnahmen und ein gutes Leben führen konnten. Werner bezeichnete diese Kinder als »resilient«, also als »psychisch widerstandsfähig«. Und sie fand heraus, dass diese Kinder ein paar Fähigkeiten hatten, die ihnen offensichtlich halfen, mit Problemen aller Art zurechtzukommen, Schwierigkeiten zu überwinden und ihr Leben immer stärker in eine positive Richtung zu lenken. Sie hatten die Gabe, ihr eigenes Schicksal in die Hand zu nehmen, immer wieder neue Möglichkeiten zu entdecken, um sich zu entwickeln. Und wenn sie tatsächlich scheiterten und strauchelten, gaben sie nicht auf, sondern erholten sich von dem Tiefschlag, lernten sogar etwas daraus und gingen ihren Weg weiter.

In vielen weiteren Studien wird bis heute genauer untersucht, welche Fähigkeiten es denn nun genau sind, die Resilienz ausmachen und was diese Menschen kennzeichnet, die auch aus Steinen, die ihnen in den Weg gelegt werden, einen gut Weg bauen können, auf dem sie in ihrem Leben voranschreiten und ihre Ziele erreichen. Manche dieser Eigenschaften scheinen einem bereits mit in die Wiege gelegt zu sein. Zum Beispiel ein eher optimistisches Temperament. Andere Fähigkeiten können durchaus sehr gut erlernt werden. Zum Beispiel die Gabe, auch in verfahrenen Situationen noch Handlungsmöglichkeiten zu erkennen.

SEELISCHE WIDERSTANDSKRAFT KANN MAN ERLERNEN UND AUSBAUEN.

Gelassenheitsgebet

»Gib mir den Mut,
die Dinge zu ändern,
die ich ändern kann.
Gib mir die Gelassenheit,
die Dinge zu ertragen,
die ich nicht verändern kann.
Und gib mir die Weisheit,
das eine vom anderen zu
unterscheiden.«

DIE SIEBEN SÄULEN DER RESILIENZ

1. Akzeptanz

Es ist wie es ist. Diese Haltung im Leben ist extrem hilfreich. Jedoch nur wenigen gelingt es, die Dinge zu akzeptieren, wie sie einfach sind. Oftmals hadern wir damit, dass einem Hindernisse im Weg liegen, etwas schwierig ist, eine Person etwas von einem möchte oder eine Aufgabe anstrengender wird als erwartet. Hadern bindet jedoch nur Kräfte und Gedanken, ohne dass man vor- oder zurückkommt. Das heißt nicht, dass man solche Situationen auch gut finden muss, aber wer diese nicht akzeptiert, kann nicht aktiv mit ihnen umgehen.

2. Optimismus

Die Zuversicht, dass man nicht untergehen wird, ist der Kern des Optimismus. Dabei geht es nicht darum, die Gefahren oder Schwierigkeiten zu ignorieren. Auch Optimisten spüren, wenn sie eine beschwerliche Zeit haben. Man kann durchaus akzeptieren, dass es gerade gar nicht gut ist. Aber man geht erst einmal davon aus, dass die Sachlage bestimmt wieder besser wird. Und man zieht sich nicht selbst mit Schwarzmalerei runter. Optimistische Menschen sagen bei einem Rückschlag: »Diesmal hab ich echt Pech gehabt.« Pessimisten tendieren dagegen zu der Annahme: »Immer trifft es mich. Typisch!«

3. Persönliche Ziele

Wer weiß, was ihm selbst in einer Situation wichtig ist, kann viel flexibler dafür sorgen, dass er dieses Ziel auch erreicht. Wenn man sich dagegen an den Zielen orientiert, die andere vermutlich in dieser Sache haben oder sich ausschließlich an gesellschaftlichen Normen und Werten orientiert, verheddert man sich leicht in Aktionismus und wird abhängig davon, was die anderen von einem denken und halten.

4. Verantwortung übernehmen

Sich ohnmächtig und als Opfer zu fühlen, stresst Menschen enorm. Stärkend ist dagegen, wenn man sich überlegt, welche aktive Rolle man in einer bestimmten Situation eigentlich hat. Für welche Facetten sieht man auch sich selbst in der Verantwortung? Im Thema Resilienz liegt beispielsweise die Verantwortung für die

Akzeptanz ganz klar im Bereich jedes Einzelnen.

5. Eine positive Sicht auf sich selbst

Studien zeigen immer wieder: Wer stark an sich zweifelt, ist auch schlechter, wenn er vor eine Aufgabe gestellt wird. Ganz gleich, ob das Mathe ist oder ein großer Familienkonflikt. Leider haben die meisten Menschen die Tendenz, sich selbst erst einmal schlecht zu machen, wenn es schwierig wird, in der Annahme, die Angst würde sie motivieren, alles zu geben. Sinnvoller ist es jedoch, sich gerade in stressigen Situationen an all die Herausforderungen zu erinnern, die man bereits gemeistert hat und sich selbst Mut zuzusprechen.

6. Soziale Kompetenz

Unterstützung durch andere ist eine der stärksten Kraftquellen, die Menschen haben. Häufig genieren wir uns jedoch, Hilfe in Anspruch zu nehmen. Oder wir kommen erst gar nicht darauf. Immer, wenn es stressig wird, lohnt die Überlegung: Welche Person könnte jetzt hilfreich für mich sein? Sei es mit konkreter Hilfe, als Gesprächspartner oder auch, weil wir einfach gerne mit demjenigen zusammen sind und auf diese Weise Kraft tanken.

7. Handlungsmöglichkeiten erkennen und nutzen

Das ist die Königsdisziplin der Stressjongleure. Wer Handlungsmöglichkeiten sieht und seinen Handlungsspielraum voll ausschöpft, wird die meisten Herausforderungen meistern. In kleinen oder größeren Schritten. Einen nach dem anderen. Wer sich handlungsfähig fühlt, vertreibt die Ohnmacht, definiert seine Rolle im Geschehen, erlebt sich als stark und wirksam und überwindet so auch die größten Hürden. Und wenn eine Strategie des Handelns nicht funktioniert, dann probiert man halt beim nächsten Mal eine andere Strategie aus.
Ohne die Fähigkeit der Akzeptanz gibt es keine Resilienz.

Wer ständig mit seinem Sein und seiner Situation hadert, bleibt im Stress stecken.

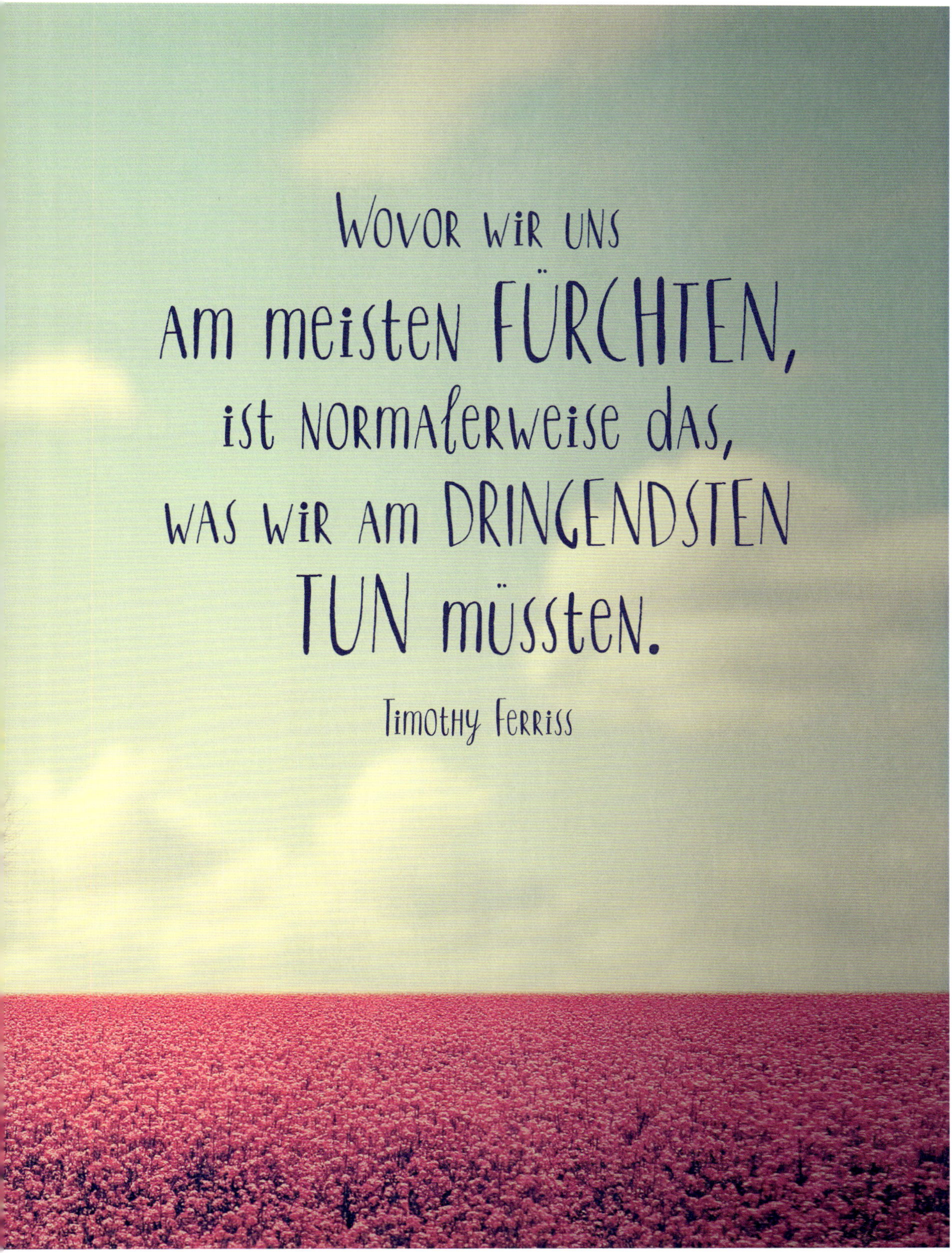
Wovor wir uns
am meisten FÜRCHTEN,
ist normalerweise das,
was wir am DRINGENDSTEN
TUN müssten.
Timothy Ferriss

NUTZEN SIE DIE SIEBEN SÄULEN FÜR EIN GUTES LEBEN

Vermutlich können Sie gut nachvollziehen, dass es stärkend ist, wenn man sich nicht als Opfer fühlt, seine Handlungsmöglichkeiten kennt und so weiter. Doch wie gelingt Resilienz in der Praxis? Wie sieht ein resilienter Umgang mit dem Leben und seinen Herausforderungen im ganz normalen Alltag aus?

Nehmen wir eines der hawaiianischen Kinder, die Emmy Werner durchs Leben begleitete. Die resilienten Fähigkeiten sorgten zum Beispiel dafür, dass es dieses Kind, das in ärmlichen Verhältnissen, ohne Ansprache und Schulanschluss, aufwächst, fertigbringt, bei einem Nachbarn Anschluss zu finden (= soziale Kompetenz). Dieser Nachbar ist vielleicht Schuhmacher und zeigt dem Kind, das offen und neugierig ist, ein paar handwerkliche Griffe. Das Kind entdeckt, dass es handwerklich geschickt ist, und lernt weiter (= positive Sicht auf sich selbst). Es übernimmt kleine Arbeiten beim Schuster und bekommt dafür ein wenig Geld oder Essen (= Handlungsmöglichkeit umgesetzt). Ein wenig von diesem Geld spart es, weil es fest daran glaubt, dass es irgendwann für etwas Wichtiges gut sein wird (= Optimismus). Das Kind hat inzwischen begriffen, dass Lernen einen weiterbringt, und beschließt von nun an, doch regelmäßiger in die Schule zu gehen (= persönliches Ziel). Mit dem gesparten Geld kauft es sich ein schönes Hemd für seinen ersten Schultag. In der Schule findet es wiederum neue Förderer.
Das Zusammenspiel all dieser Entwicklungen führt dazu, dass dieses Kind über die Jahre Kompetenzen aufbaut, die ihm den Schritt in eine Ausbildung und damit raus aus den ärmlichen Verhältnissen ermöglichen.

Resilienz ist ein Rezept für den Umgang mit schwierigen Situationen, das uns stark macht.

Zugegeben, die resilienten Kinder von Hawaii meisterten extrem schwierige Situationen. Doch Emmy Werner und viele Psychologen nach ihr entwickelten aus diesen und ähnlichen Studien ein Konzept, das allgemeingültig ist. *Das Konzept der Resilienz ist sozusagen das*

Rezeptbuch für den gekonnten Umgang mit Anforderungen und Belastungen. Jeder Mensch ist ein wenig anders ausgestattet. Aber die Zutaten sind immer die gleichen.

SO KANN RESILIENTES VERHALTEN AUSSEHEN

Bei einer erwachsenen Person könnte resilientes Verhalten beispielsweise so aussehen: Eine Umstrukturierung steht an. Fast alle Kollegen und Kolleginnen sind seitdem nervös und unleidlich.

Der Stress nagt an ihren Nerven. Nur Kollegin Franke scheint ruhig zu bleiben.

Wie macht sie das? Frau Franke hat auch von den Veränderungsplänen gehört. Doch im Gegensatz zu allen anderen verfängt sie sich nicht in verzweifelte Gedanken wie: »Was fällt denen da oben schon wieder ein! Das darf doch nicht wahr sein!« Vielmehr hört sie die Nachricht und nimmt sie erst einmal einfach auf. Denn Frau Franke ist ganz klar der Ansicht: »Die Vorstände dürfen das ja tun. Wenn sich nie etwas verändert, würde es der Firma vermutlich auch nicht gut gehen. Es passt mir vielleicht nicht, aber hadern brauche ich damit auch nicht.« Frau Franke kann akzeptieren, dass solche Veränderungen im Berufsleben dazu gehören, auch wenn sie es nicht mag.

Akzeptanz und Abwarten bringt Ruhe. Optimismus macht locker.

Nach ihrer Erfahrung ist es meistens auch so: Erst wird es unruhig und manches, was eine Umstrukturierung mit sich bringt, fordert einen. Aber oftmals lernt man in den neuen Zusammenhängen auch nette, neue Kollegen kennen. Und wenn sie die letzten Jahre Revue passieren lässt, so hat sie auch manchmal interes-

Resilienz gleicht einem Schutzschirm für regnerisches Wetter im Leben

santere Tätigkeiten durch die Umorganisation bekommen. Sie ist sich sicher: Ausschließlich blöd wird es nicht werden. Auch wenn das alle sagen. Ihr Optimismus und ihr Glaube an die eigene Stärke geben ihr Gelassenheit.

Klare persönliche Ziele geben Orientierung, während die Opferhaltung lähmt.

Sie selbst hat außerdem ein klares Ziel in ihrem Arbeitsleben: Franke möchte gerne etwas tun, was sie auch gut kann. Und sie weiß, dass sie gut ist im Umgang mit Menschen und einige Spezialkenntnisse hat. Das wird sie auch einem neuen Chef sagen und sich dafür einsetzen, damit sie Aufgaben bekommt, die zu ihr passen. Die Opferhaltung ist ihr fremd. Manche Kollegen finden Frau Franke extrem selbstbewusst. Aber das ist gar nicht so. Sie hat nur beschlossen, dass es besser ist, wenn sie freundlich und klar sagt, was sie gut kann, als wenn sie es einem Chef überlässt, dies selbst herauszufinden. Wenn die konkreten Pläne für die Neuerungen transparenter sind, wird sie ihre Kollegin aus der anderen Abteilung fragen, wie dort darüber gesprochen wird.

Unterstützung anzunehmen erfordert manchmal Mut.

Frau Franke zerbricht sich deshalb nicht zu sehr den Kopf über das, was kommt. Und außerdem weiß sie: Wenn etwas so ablaufen sollte, wie sie es völlig unfair findet, wird sie sich beim Personal- und Betriebsrat Rat holen, um notfalls auch kämpferischer für ihre Interessen einzutreten. Einmal in ihrem Arbeitsleben hat sie dies bereits getan, als eine Chefin sie ständig kontrollierte. Das Gespräch war damals entgegen aller Voraussagen der Kolleginnen wirklich hilfreich und klärend gewesen. Im Notfall weiß sie also durchaus, wo sie sich Unterstützung und Hilfe holen kann.

Zugegeben, Frau Franke ist ein recht ideales Beispiel eines Menschen, der seine Dinge in resilienter Weise angeht. Aber es zeigt vielleicht genau deshalb deutlich, wie resiliente Fähigkeiten in einem Menschen die richtige Mischung aus Gelassenheit und Mut freisetzen können.

RESILIENZ TO GO

Hier erfahren Sie, wie Resilienz auch in Ihrem Alltag ihre stärkende Kraft entfalten kann und wie Sie stressige Situationen knacken können – Schritt für Schritt.

IM BERUF

Viele Arbeitnehmer klagen darüber, dass sie ständig durch Anrufe bei der Arbeit unterbrochen werden. Kennen Sie das auch? Dann spannen Sie Ihren Resilienzschirm auf, statt weiter zu klagen. Das Beispiel zeigt, wie das gelingen kann.

Mein persönliches Ziel: Ich möchte wenigstens 60 Minuten am Stück ungestört arbeiten. Mein Mailpostfach kann ich ignorieren. Aber das klingelnde Telefon war bisher ein Problem. So löse ich das:

Resilienzfaktoren	*Nicht-resiliente Reaktion*	*Resilienter Umgang mit der Situation*
Akzeptanz	*Das kann doch nicht sein! Gerade jetzt stört der mich mit seinem Anruf. Ich will das nicht!*	*Aha. Ein Anruf. Das gehört zum Job.*
Optimismus	*Klar hätte ich gerne eine ruhige Zeit zum Arbeiten. Aber ich habe das schon mal angesprochen. Da kam keine Begeisterung bei den anderen auf. Interessiert also keinen, was ich möchte.*	*Das werde ich für mich schon gut hinkriegen. Vielleicht braucht es eine Zeit, und vielleicht kommt auch Kritik von den anderen. Dann kann ich ja schauen, ob ich vielleicht nur jeden zweiten Tag stille Zeit nehme.*
Persönliche Ziele	*Der Chef will das ja so. Wir sollen immer erreichbar sein. Was soll ich da machen?*	*Ich möchte zumindest 60 Minuten am Tag ungestört arbeiten. Sonst kann ich meine Fachaufgaben nicht gut erledigen. Und das ist mir wichtig – und meinem Chef ja letztlich auch.*

Verantwortung übernehmen statt Opferrolle	*Wenn ich da jetzt nicht rangehe, denkt der andere, ich wäre faul/ verweigere mich ... Das kann ich mir nicht leisten!*	*Natürlich beantworte ich Anrufe. Aber mein Job ist ja auch die Fachaufgabe. Gute Arbeit mache ich also, wenn ich beides unter einen Hut kriege.* *Und ich habe mir überlegt, ob es wirklich Anrufe gibt, die so dringlich sind, dass ich sofort erreichbar sein muss. Aber zwischen 10 Uhr und 12 Uhr kommen diese Anrufe nicht vor. Deshalb ist das die perfekte Zeit für Stillarbeit.*
Positive Sicht auf sich selbst	*Oh Mann, immer bin ich hier der Depp.*	*Da muss ich wohl besser für mich sorgen. Ich weiß ja, dass ich kollegial bin. Das ändert sich auch nicht, wenn ich dafür sorge, dass ich auch gut arbeiten kann.*
Soziale Kompetenz (und Hilfe annehmen)	*Keiner kann mir in der Situation helfen!*	*Ich könnte meinen Kollegen fragen, ob er das Telefon für eine Stunde übernimmt, und ich übernehme dann im Gegenzug seines für eine bestimmte Zeit. Dann haben wir beide etwas mehr Ruhe. Ich kann auch mal die Kollegen fragen, wie sie mit dem Problem umgehen.*
Handlungsspielräume erkennen und nutzen	*Ich selbst kann hier nicht viel verändern. Da müsste der Chef was vorschlagen. Aber dem ist es ja ganz recht, wenn ich immer erreichbar bin. Kann man also nichts machen. Schade.*	*Ich kann den Anruf kurz annehmen und sagen: »Bin grad total beschäftigt. Rufe in x Minuten zurück.«* *Ich könnte auch den AB anschalten. Das verschafft mir Luft. In ganz dringlichen Fällen kann ich ja dann sofort zurückrufen.* *Ich kann in der Teamrunde das Thema ansprechen und schauen, ob wir gemeinsam eine Lösung finden. Zum Beispiel gegenseitige Telefonvertretungen.* *Vielleicht schaue ich auch mal, was eigentlich passiert, wenn ich einfach zwischen 10 Uhr und 12 Uhr nicht rangehe.*

IM PRIVATLEBEN

Oft nehmen wir uns vor, dass wir uns wieder mehr den Dingen widmen wollen, die wir persönlich wichtig finden.

Dennoch bleibt oft das Problem: Wie kriege ich es im Alltag hin, mir wirklich Zeit und Platz im Leben dafür einzuräumen? Auch hier hilft der kurze Resilienzcheck:

Resilienzfaktoren	*Nicht-resiliente Reaktion*	*Resilienter Umgang mit der Situation*
Akzeptanz	*Ich würde ja gerne wieder Fußball spielen und meine Freunde treffen, aber eigentlich ist das auch eine Luxusidee.*	*Ich möchte wieder Fußball spielen. Und meine Freunde treffen, zumindest einmal im Monat. Das tut mir gut und das nehme ich mir!*
Optimismus	*Ich komme ja kaum zu meinen Pflichten. Da ist kein Platz für noch mehr.*	*Wird schon klappen!*
Persönliche Ziele	*Ich muss mich vermutlich einfach besser organisieren, damit Platz für meine eigenen Interessen bleibt.*	*Ich möchte einmal in der Woche zum Sport. Und einmal im Monat Freunde treffen.*
Verantwortung übernehmen statt Opferrolle	*Vielleicht hätte ich nie Vater werden sollen. Das frisst mich auf.*	*Klar habe ich viele Rollen. Ich bin Mitarbeiter, Partner, Vater, Freund. Und gerade haben diese Rollen sehr viel Platz. Das will ich ändern.*
Positive Sicht auf sich selbst	*Andere kriegen das besser hin. Ich bin da zu wenig durchsetzungsstark.*	*Ich bin es mir einfach wert, dass es mir gut geht. Vielleicht gehe ich es an wie andere Projekte auch. Mit einem guten Plan.*
Soziale Kompetenz (und Hilfe annehmen)	*Keiner kann mir in der Situation helfen!*	*Ich werde meiner Partnerin sagen, wie sehr ich Zeit für mich brauche. Vielleicht finden wir sogar gemeinsam einen Weg zu mehr Freiraum.*
Handlungsspielräume erkennen und nutzen	*Ich kann gerade nicht viel tun. Vielleicht, wenn die Kinder größer sind? Abwarten.*	*Wann sind eigentlich die Zeiten, in denen die Kinder sowieso beschäftigt sind? Da könnte ich ohne Weiteres los. Mein Kumpel Uwe spielt im Verein. Vielleicht schließe ich mich da einfach an?*

WAS ICH GERNE VERÄNDERN WÜRDE

Das stresst mich:

Resilienzfaktoren	*So gehe ich bisher damit um:*	*Resilienter Umgang mit der Situation:*
Akzeptanz		
Optimismus		
Persönliche Ziele		

Verantwortung übernehmen statt Opferrolle

Positive Sicht auf sich selbst

Soziale Kompetenz (und Hilfe annehmen)

Handlungsspielräume erkennen und nutzen

An dieser Stelle kann ich am leichtesten anfangen, resilienter mit der Situation umzugehen:

Ich werde ab heute:

MEIN HERZENSKOMPASS – WERTE ALS LEITSTERN

Übungen

Die persönlichen Ziele spielen in der Resilienz eine große Rolle. Denn über sie entscheidet sich, ob wir eine Tätigkeit oder Aufgabe überhaupt wichtig und bedeutsam finden. Ob wir uns überhaupt damit beschäftigen möchten, sie als sinnhaft erleben.

Aber was macht sinnvolle, persönliche Ziele aus? Schnell orientiert man sich doch wieder an den Vorgaben von außen – oftmals ohne es zu merken. Dann definiert man als persönliches Ziel, die Kunden alle pünktlich zurückzurufen. Dabei ist das eigentlich der Wunsch des Chefs. Das eigene persönliche Ziel für den Tag ist vielleicht eher »pünktlich heimgehen, weil ich heute Abend noch etwas vorhabe.«
Das Ziel bestimmt jedoch maßgeblich, was wir tun werden – und ob wir wirklich mit dem befriedigenden Gefühl »geschafft!« für unsere Mühe belohnt werden. Wenn wir zu oft die Ziele anderer als unsere eigenen begreifen, werden wir nur zufrieden sein, wenn uns die anderen loben und uns bestätigen: »Alles richtig gemacht.« Wenn wir dagegen lernen, eigene Ziele zu formulieren, sind wir näher bei uns selbst – und werden innerlich unabhängiger vom äußeren Druck. Die nachfolgende Übung gibt uns einen Hinweis auf unser ganz persönliches Wertesystem. Wenn wir uns mit unseren Zielen daran orientieren, ist die Wahrscheinlichkeit hoch, dass unsere Zufriedenheit und Gelassenheit im Leben steigt. Denn wir fühlen uns freier und weniger fremdbestimmt.

IHR 70. GEBURTSTAG

Stellen Sie sich vor, es ist Ihr eigener 70. Geburtstag. Zu Ihren Ehren findet eine große Feier statt. Sie freuen sich über die vielen Gäste, die bei einem leckeren Essen zusammensitzen. Stellen Sie sich diese Situation ruhig bildlich vor, Sie können auch Ihre Augen schließen.

Nach dem Festmahl wollen drei Gäste eine kleine Rede halten – über das, was Sie in Ihrem Leben erreicht haben und über Ihre positiven Eigenschaften.

Die drei Festredner sind:

- jemand aus Ihrer Familie,
- ein guter Freund bzw. eine Freundin von Ihnen,
- jemand, der Sie in Ihrer beruflichen Funktion kennengelernt hat.

Was wollen Sie, dass diese Personen über Sie sagen?

- Es geht hier nicht um das, was Sie glauben, was andere momentan realistischerweise über Sie sagen. Die Frage ist: Was *möchten* Sie, dass andere Menschen über Sie, über Ihr Leben, über Ihre positiven Seiten, über die Erlebnisse mit Ihnen sagen, wenn Sie einmal 70 Jahre alt sind? Vielleicht sind Sie nach dieser Übung ein wenig bewegt. Wir berühren unsere Se wenn wir ehrlich zu uns selbst sind. De die kleinen Reden unserer Freunde, Familie und Kollegen führen uns vor Augen, was wir im Leben wirklich wicl finden.

Stellen Sie sich nun vor, was die oben genannten drei Festredner über Sie sagen.

- Notieren Sie nun für sich Ihre zentralen Werte. Ist Ihnen Freiheit sehr wichtig? Oder dass man immer zusammenhält? Diese Werte können so etwas wie ein Kompass für Ihren Alltag sein. Alles, was in Ihre Werte passt, wird Ihnen leichter von der Hand gehen. Wenn Sie häufig Dinge in einer bestimmten Art und Weise tun, die Ihren Werten widersprechen, werden Sie öfters eine innere Anstrengung erleben. Sie arbeiten dann in gewisser Weise gegen Ihre eigene Natur. Und das raubt Kraft.

Hierzu ein Beispiel:
Sebastian ist Leiter eines kleinen Teams und häufig gestresst. Immer wieder hat er das Gefühl, dass er kein guter Chef ist. Dabei schätzen ihn alle. Als er seine Werte näher betrachtet, fällt ihm auf, dass ihm »Ehrlichkeit« und »Berechenbarkeit« sehr wichtig sind. Und ihm fällt auf, dass sein Wert »Ehrlichkeit« in seiner Position als Teamleiter gerade ins Wanken geraten ist. Denn: Seine Vorgesetzten sprechen nur selten Klartext und wenn, dann heißt es: »Bitte noch nicht weiterkommunizieren.«
Als Sebastian das klar wird, verändert er einiges. Er fragt bei seinen Chefs viel hartnäckiger nach und checkt, welche Informationen denn nun tatsächlich vertraulich sind. Letztlich sind es oft nur Details. Dadurch kann er nun doch viel mehr relevante Informationen an sein Team weitergeben. Wenn etwas tatsächlich top secret ist, dann macht er das für seine Mitarbeiter transparent. Außerdem hat er in der Teamrunde eingeführt, dass das Team offene Fragen stellen kann. So erfährt er, ob es Unsicherheiten gibt. Sebastian hat wieder eine Atmosphäre der angemessenen Ehrlichkeit etabliert, die allen gut gefällt und ihm entspricht. Seine Zweifel an seinen Fähigkeiten als Chef ebben ab.

MEIN VERÄNDERUNGS-VORHABEN

Mögen Sie noch einmal an den Anfang des Buches schauen und nachsehen, was Sie in der ersten Übung als Veränderungswunsch notiert hatten? Vielleicht sind im Laufe des Lesens noch andere Ideen dazugekommen, wie Sie in Ihrem Leben den Stresspegel runter- und den Pegel für Zufriedenheit und Gelassenheit raufschrauben können. Weil wir alle wissen, dass es gar nicht so leicht ist, eine Veränderung auch tatsächlich in die Tat umzusetzen, finden Sie hier eine kleine Anleitung. Viel Freude – und viel Erfolg bei Ihrem persönlichen Ziel.

Wie soll Ihr persönliches Ziel sein? Beschreiben Sie es kurz konkret und positiv.
→ Zum Beispiel: Ich werde dreimal am Tag bewusst 5-Minuten-Pausen einlegen. Statt: Dieses pausenlose Arbeiten muss aufhören.

Überlegen Sie, in welchem Zeitraum Sie Ihr Vorhaben umsetzen möchten.

»——› Zum Beispiel: Ich fange heute an. Und halte acht Tage durch.

Stellen Sie sich intensiv vor, was Ihnen die Erfüllung Ihres Vorhabens bringt. Wie wird es sich anfühlen, wenn Sie es geschafft haben?

»——› Zum Beispiel: Ich werde auch nachmittags noch gut denken können und abends gut abschalten. Ich werde mich jeden Tag daran freuen, dass ich gut mit mir umgehe.

Stellen Sie sich nun vor, welche Hürden Sie sich vermutlich selbst in den Weg legen werden. Ist es Ihr Hang zum Gedanken »Heute passt es nicht!« oder erschrecken Sie sich häufig beim ersten Gegenwind von außen? Stellen Sie sich diese Hindernisse konkret vor – und formulieren Sie, wie Sie damit umgehen werden.

»——› Zum Beispiel: Wenn mein Gefühl aufkommt »Heute passt es nicht!«, sage ich dem Gefühl kurz »Hallo« und mache dann dennoch Pause. Oder: Wenn jemand etwas gegen mein neues Verhalten sagt, werde ich es ertragen. Ich sterbe ja nicht daran!

Besinnen Sie sich auf Brücken und Unterstützung, die Sie bei der Verwirklichung nutzen können.

»——› Zum Beispiel: Ich weiß, dass ich einfach besser arbeiten kann, wenn ich Pausen mache. Die Zeit x bietet sich dafür an. Ich werde mir ein festes Ritual schaffen.

Werfen Sie einen Blick auf den Preis/die Kosten: Welche Auswirkungen auf andere Bereiche hat Ihr Wunsch? Wie können Sie diese (negativen) Konsequenzen abmildern?

»——› Zum Beispiel: Es kann sein, dass mein Chef irritiert reagiert, wenn ich kurz an der frischen Luft bin, wenn er mich sprechen möchte. Aber ehrlich gesagt, erreicht er mich auch sonst nicht immer.

Machen Sie einen Anfang. Welchen ersten Schritt könnten Sie tun? Was werden Sie tun?

»——› Zum Beispiel: Die Pause mit Bewegung erscheint mir besonders effektiv. Heute mache ich eine Rekelpause. Fenster auf, strecken, atmen. Fenster zu.

SCHLUSS MIT DEM GEREDE ÜBER STRESS

Die amerikanische Gesundheitspsychologin Kelly McGonigal brachte in einem weltweit bekannt gewordenen Vortrag sehr gut auf den Punkt, warum es Stress verdient hat, nicht ausschließlich negativ bewertet zu werden.

AUF DIE INNERE HALTUNG KOMMT ES AN

McGonigal las sich für ihre Recherchen durch jede Menge Studien zum Thema Stress und fand dabei heraus:
Ob wir den Stress in unserem Leben als extrem belastend oder eher als energetisierend empfinden, hängt stark davon ab, wie wir Stress bewerten.
Bekommen wir Angst, wenn es in unserem Leben turbulent wird? Versuchen wir atemlos, alle Anforderungen zu erfüllen, gönnen uns keine Auszeiten mehr? Oder bauen wir ein selbstbewusstes Lebensgefühl auf, das uns sagt: »Okay, ich bin gefordert. Aber ich kann mein Leben meistern und werde auch diese Herausforderung schaffen.«

Studien zeigen, dass unter den Menschen, die über viele Anforderungen in ihrem Leben berichten, vor allem diejenigen stressbedingte Erkrankungen entwickeln, die den Stress negativ bewerten. Sie entwickeln zusätzlich zum Stress die Angst, dass ihnen der Stress an sich schaden wird und bewerten die stressigen Lebensphasen irgendwie als falsch und gesundheitsschädlich.
Wer dagegen dem Stress eher ohne diese starke negative Bewertung begegnet und ihn einfach als Zeichen der Aktivierung, als Signal »Ich komme an eine Grenze« wahrnimmt, stellt fest: Stress feuert uns auch an. Er bringt uns dazu, an und über unsere Grenzen zu gehen, sodass wir Neues lernen, unseren Horizont und unsere Fähigkeiten erweitern. Das ist erst einmal ein Geschenk!
Außerdem haben Menschen unter Stress den großen Wunsch, sich mit anderen zusammenzuschließen. Um sich auszutauschen, um eventuell Hilfe zu finden. Gerade wenn wir uns gefordert fühlen, schätzen wir die anderen als stärkende Kraft.

McGonigal folgert:

»Stress macht sozial!«

Wenn eine Situation uns fordert, uns an den Rand des Möglichen bringt, ist sie außerdem immer ein Angebot an uns: Hier gibt es etwas zu lernen. Persönliche Entwicklung wird häufig erst angestoßen, wenn es schwierig wird.

Stress zeigt uns:
Es ist so weit.

Insofern kann man durchaus sagen, dass stressige Zeiten für unsere Entwicklung unersetzlich sind. Und die durchweg negative Reputation ist nicht gerechtfertigt.

Wenn Sie mal wieder in der Stressschleife feststecken und sich wünschen, Sie hätten Urlaub von allem – am besten auf unbestimmte Zeit –, dann nehmen Sie sich einen Moment Zeit. Machen Sie sich bewusst: Aha. Gerade zeigt mir mein Leben, dass es hier etwas zu lernen gibt. Was könnte das sein?
Vielleicht erinnern Sie sich auch ganz bewusst an all die schwierigen Situationen, die Sie in Ihrem Leben bereits gemeistert haben. Schöpfen Sie aus diesem Schatz Kraft für Ihre aktuelle Lage. Welche Ihrer persönlichen Fähigkeiten waren in früheren, schwierigen Zeiten hilfreich? Ihr Humor? Ihr Durchhaltevermögen? Ihre kreativen Gedanken? Ihr Händchen für ein gutes Netzwerk? Wie haben Sie sich in dieser Situation letztlich verhalten?
Stellen Sie sich die Frage: »Wie habe ich es geschafft, die Sache zu meistern beziehungsweise die stressige Zeit zu bewältigen?«
Durch die Antworten auf diese Frage bekommen Sie wieder Kontakt zu Ihren persönlichen Resilienzfähigkeiten. Das sind Ihre Stärken, auf die Sie sich immer verlassen können. Vermutlich spüren Sie sogar, dass bereits die Gedanken an die Situationen, die Sie gemeistert haben, Ihnen Zuversicht und Ruhe bringen. Nutzen Sie diese Energie und wenden Sie Ihre Stärken beherzt in der aktuellen Stresssituation an!
Mit ein wenig Übung wird Stress in unserem Leben immer öfter zum kleinen Wegweiser für unsere persönliche Entwicklung. Und er verliert seinen Schrecken als krank machender Antreiber.

Alles Gute auf Ihrem Weg!

ZUM WEITERLESEN

Weitere Bücher von mir, die Ihnen gefallen könnten

Kleinschmidt, Carola: *Burnout. Und dann? Wie das Leben nach der Krise weiter geht.* Kösel 2016
Kleinschmidt, Carola: *Jung alt werden. Warum es sich mit 40 schon lohnt, an 80 zu denken.* Ellert & Richter 2010
Kleinschmidt, Carola und Otto, Anne: *Ist mein Kopf noch im Büro? Stressfrei! In 10 überraschend einfachen Schritten zu mehr Gelassenheit, Klarheit und Spaß im Leben.* Diana 2013
Unger, Hans-Peter und Kleinschmidt, Carola: *Bevor der Job krank macht. Wie uns die heutige Arbeitswelt in die seelische Erschöpfung treibt – und was man dagegen tun kann.* Kösel 2006
Unger, Hans-Peter und Kleinschmidt, Carola: *Das hält keiner bis zur Rente durch. Damit Arbeit nicht krank macht: Erkenntnisse aus der Stress-Medizin.* Kösel 2014

Lesetipps aus meinem Bücherregal

Dobelli, Rolf: *Die Kunst des klaren Denkens. 52 Denkfehler, die Sie besser anderen überlassen.* dtv, 2014.
Ferriss, Timothy: *Die 4-Stunden-Woche.* Econ 2009
Heinemann, Helen: *Warum Burnout nicht vom Job kommt.* Adeo, 2013
Heinemann, Helen: *Warum Stress glücklich macht.* Adeo 2015
Kotsou, Ilios: *Das kleine Übungsheft – Achtsamkeit.* Trinity 2013
Nuber, Ursula: *Lass die Kindheit hinter dir.* Campus 2009
Petzold, Theodor Dierk: *Gesundheit ist ansteckend – Praxisbuch Salutogenese.* Südwest 2010
Prieß, Mirriam: *Resilienz – Das Geheimnis innerer Stärke.* Südwest 2015
Ruhwandl, Dagmar: *Erfolgreich ohne auszubrennen. Das Burnout-Buch für Frauen.* Klett Cotta 2007
Schmid, Wilhelm: *Glück. Alles, was Sie darüber wissen müssen, und warum es nicht das Wichtigste im Leben ist.* Insel 2007
Schröder, Jörg-Peter: *Wege aus dem Burnout.* Cornelsen Scriptor, 2011

Ware, Bronnie: *Fünf Dinge, die Sterbende am meisten bereuen.* Arkana 2012
Wellensiek, Sylvia Kéré: *Fels in der Brandung statt Hamster im Rad.* Beltz 2012

Webseite der Autorin
www.carolakleinschmidt.de

Für alle, die beruflich gestresst sind:
Auf der Internetseite www.psyga.info finden Sie viele, sehr hilfreiche Informationen, wie Sie Stress im Beruf effektiv reduzieren können. Broschüren, Selbsttests, E-Learning für Führungskräfte und Mitarbeiter und auch ein Hörbuch können kostenlos runtergeladen oder angefordert werden.

BILDNACHWEIS

Alle Illustrationen in diesem Buch stammen von Martina Frank, München, mit Ausnahme von S. 16: Shutterstock/Sharpner und S. 33: Shutterstock/Pavlenko
Alle Fotos: Shutterstock, vordere Klappe: Alex_Po, S. 12/13: Africa Studio, S. 32/33: Sofiaworld, S. 50/51: Valentin Agapov, S. 64/65: Yuganov Konstantin, S. 78/79: Background Land, Hintergrundmotive: Shutterstock/Elmiral

QUELLENNACHWEIS

Die Zitate aus diesem Buch stammen aus folgenden Quellen:
S. 12/13: Dieses Zitat wird häufig J.W. v. Goethe oder Erich Kästner zugeschrieben, die tatsächliche Herkunft ist leider nicht bekannt; S. 27: John Steinbeck, genaue Herkunft ungeklärt; S. 50/51: Mahatma Gandhi, genaue Herkunft ungeklärt; S. 78/79: Timothy Ferris, US-amerikanischer Unternehmer, aus: *Die 4-Stunden-Woche*, Econ 2008; Seite 26: »Die Erschöpfungsspirale« wurde verändert nach Hans-Peter Unger, Carola Kleinschmidt: *Bevor der Job krank macht*. Kösel 2006; Seite 32: Herzlichen Dank an Annegret Lohse, die bei der Übung »Der ungebetene Hausgast« beratend zur Seite stand. Annegret Lohse ist Psychologin und Beraterin (www.beratersystem-hamburg.de); Seite 54/55: Diese Achtsamkeitsübungen stammen aus dem Buch: Anne Otto, Carola Kleinschmidt: *Ist mein Kopf noch im Büro?* Diana 2013; Seite 92: TED Vortrag Kelly McGonigal: How to make stress your friend. http://www.ted.com/talks/kelly_mcgonigal_how_to_make_stress_your_friend.html

MIX
Papier aus verantwortungsvollen Quellen
FSC® C084279

Umschlaggestaltung und Layout: Favoritbuero, München
Umschlagmotiv: Shutterstock/Fesus Robert
Satz: Nadine Clemens, München
Lektorat: Redaktionsbüro Diana Napolitano, Augsburg
Projektleitung: Heike Mayer
Druck und Bindung: Print Consult, München
ISBN 978-3-95803-075-6

Liebe Leserin, lieber Leser,
leicht geht's besser: Mit unserer Reihe *Leichter leben* möchten wir Sie zu einem neuen Lebensgefühl inspirieren und bei Veränderungsprozessen unterstützen. Alle Inhalte wurden gewissenhaft erstellt und sorgfältig geprüft, die Übungsanleitungen und Vorschläge haben sich in der Praxis bewährt. Danke, dass Sie in eigener Verantwortung prüfen, inwieweit Sie die Anregungen umsetzen möchten. Eine Haftung für die Resultate vonseiten der Autoren bzw. des Verlags und seiner Beauftragten ist ausgeschlossen.

Mehr über unsere Bücher:
www.scorpio-verlag.de